기독교
사용 설명서
4

사도신경

세움북스 는 기독교 가치관으로 교회와 성도를 건강하게 세우는 바른 책을 만들어 갑니다.

기독교 사용 설명서 4

사도신경

초판 1쇄 인쇄 2021년 12월 25일
초판 1쇄 발행 2021년 12월 30일

지은이 ㅣ 손재익
펴낸이 ㅣ 강인구
펴낸곳 ㅣ 세움북스

등 록 ㅣ 제2014-000144호
주 소 ㅣ 서울시 서대문구 연희로 160 연희회관 3층 302호
전 화 ㅣ 02-3144-3500
팩 스 ㅣ 02-6008-5712
이메일 ㅣ cdgn@daum.net

교 정 ㅣ 오현정
디자인 ㅣ 참디자인

ISBN 979-11-91715-24-8 (03230)
SET 979-11-91715-20-0 (03230)

* 이 책은 신저작권법에 의하여 국내에서 보호를 받는 저작물입니다.
  출판사와의 협의 없는 무단 전재와 무단 복제를 엄격히 금합니다.
* 책값은 뒤표지에 있습니다.
* 잘못된 책은 교환하여 드립니다.

기독교
사용 설명서

4

사도신경

손재익
지음

세움북스

목차

독일의 개혁자 마틴 루터가 비텐베르크 성곽교회 문에 면벌부를 반박하는 95개조 대자보를 내 붙인 지 500년을 훌쩍 지나 몇 년이 더 흘러가고 있습니다. 종교개혁은 제도적인 개혁, 도덕적인 개혁에 불과한 것이 아니었습니다. 종교개혁은 예배의 개혁이면서 동시에 교리와 삶의 총체적인 개혁이었습니다. 이 종교개혁이 거대한 로마교회체제와 성도들의 신앙생활을 흔들어 놓았습니다. 하나님을 참되게 예배하기 시작하면서 교인들은 두려움이 아니라 기쁨과 감사 가운데 살아가기 시작했습니다. 그 개혁의 불꽃이 교회만이 아니라 유럽 사회 전체를 새롭게 했습니다. 과연 우리 한국개신교회는 개혁의 그 아름다운 모습을 얼마나 누리고 있을까요?

종교개혁 500주년을 맞아 종교개혁이 교회의 몇몇 악습을 제거한 것이 아니라 총체적인 개혁이었음을 드러내기 위해『종교개혁자들과의 대화』(SFC출판부) 12권 시리즈를 발간한 바 있습니다. 그 시리즈를 통해 종교개혁이 예배, 교회, 역사, 교육, 가정, 정치, 경제, 문화, 학문, 교리, 과학, 선교를 어떻게 변화시켰는지 살펴 보았습니다. 우리 청소년들이 어떤 영역에서 일하든 하나님의 사람으로 살아갈 수 있다는 것을 보여주려고 했습니다. 이 종교개혁 500주년의 후속 작업이 바로 본 시리즈『기독교 사용 설명서』입니다. 본 시리즈는 우리 기독교의 근본을 재확인하고, 다시금 개혁의 정신을 되살려 오직 하나님의 영광을 위해 살아가고자 하는 마음으로 기획했습니다.

본 시리즈에서는 기독교를 총 4부로 나누어서 설명합니다. 제1부는 종교개혁, 교회정치, 교회직분입니다. 우리는 종교개혁의 역사를 통해 교회정치와 직분이 어떻게 새로워졌는지를 잘 알아야 합니다. 제2부는 사도신경, 십계명, 주기도문입니다. 개혁자들은 교리문답을 만들었는데 그 교리문답들의 대부분은 이 세 가지를 해설하면서 기독교신앙의 요체를 드러내었습니다. 사도신경은 우리가 믿고 있는 삼위일체 하나님을 고백하는 것이고, 십계명과 주기도문은 우리가 어떻게 감사의 삶을 살아야 하는지를 잘 보여주고 있습니다. 제3부는 공예배, 교회예식, 교회력입니다. 교회는 예배를 위해 부름받았고, 각종 예식을 통해 풍성함을 누리고 교회력을 통해 이 세상에서 그리스도를 누리면서 새로운 시간을 살아갑니다. 마지막 제4부는 혼인, 가정예배, 신자의 생활입니다. 우리는 하나님이 처음부터 제정하신 제도인 혼인을 통해 언약가정을 이루고 가정에서 예배하면서 기독교인으로서 이 세상을 살아갑니다.

그동안 덮어놓고 믿었던 것이 교회의 쇠퇴와 신앙의 배도에까지 이르고 있습니다. 코로나시대에 함께 모여 예배하고 교제하는 것이 힘들어졌지만 기독교신앙에 대해 치열하게 학습할 수 있는 절호의 기회입니다. 우리가 무엇을 믿는지, 어떻게 살아야 하는지 근본에서부터 잘 학습해야 하겠습니다. 각 세 권씩으로 구성된 총 4부의 『기독교 사용 설명서』를 통해 우리 기독교와 교회의 자태를 확인하고 누릴 수 있기를 바랍니다. 12권 시리즈로 기획했기에 매월 한 권씩 함께 읽으면서 공부하고 토론하기에 좋을 것입니다. 기존 신자들 뿐만 아니라 자라나는 우리 청소년과 청년들이 이 시리즈를 통해 기독교의 요체를 확인하고 믿음의 사람들로 든든히 서서 교회를 잘 세우면서 이 세상에서 담대하게 살아갈 수 있기를 바랍니다. 교회를 세우기 위해 가르치면서 해당 주제를 잘 집필해 주신 집필자들의 수고에 감사를 드리고, 이 시리즈 기획을 흔쾌히 받아 출간하는 세움북스 강인구대표께 진심으로 감사를 드립니다.

2021년 11월
개혁교회건설연구소

들어가며

주일예배에서 빠지지 않는 일이 있습니다. 설교, 찬송, 기도, 헌금, 그리고 사도신경 고백입니다. 주일만 아니죠. 각종 모임에서도 사도신경을 암송합니다. "사도신경으로 신앙고백함으로 시작하겠습니다"라는 말을 많이 합니다. 눈 감고도 할 수 있는 게 많지 않은데 그중에 하나가 사도신경 암송입니다.

어린 시절에는 교회학교에서 외우라고 했고, 자라면서는 예배 때마다 암송하니 잊으려 해도 잊어버리기가 쉽지 않습니다. 주일 오전과 오후(저녁)예배, 그 외에 1주일에 1회 정도 암송한다고 가정하면 10년만 교회를 다녀도 약 1,500회를 암송하게 됩니다.

그런데 교회를 수십 년 이상 다닌 분들과 대화하다가 놀랄 때가 있습니다. 사도신경은 외우지만 정작 그 의미를 잘 모르는 분들이 생각보다 많기 때문입니다. 교회에서 중직을 맡은 분들 중에도 제법 있습니다. 대화를 나누다가 서로 당황합니다.

사도신경을 왜 외워야 하는지를 모르는 분들이 많습니다. 외우더라도 그 의미를 모르는 분들이 많습니다. 각 문장과 단어는 알아도 단어와 단어의 관계, 문장과 문장과의 관계를 모르는 경우가 태반입니다.

가장 단순한 예로, '거룩한 공교회'가 무엇을 뜻하는지를 물으면 제대로 이해하고 답하는 사람이 드뭅니다. 혹 그 의미를 알아도 이 부분이 '성령을 믿으며'에 이어진다는 사실과 그 의미를 아는 사람들은 적습니다. '몸의 부활'이 무엇을 말하는지, 그 일은 언제 일어나는 일인지를 모르는 분들이 간혹 있습니다.

이게 우리의 현실이라는 점을 생각할 때 간혹 안타깝고 참담하기까지도 합니다. 기본 중의 기본인데 '이걸 모르면 어쩐다?' 하는 마음이 들 때가 많습니다. 현실이 그렇다 해도 비관할 일은 아닙니다. 우리는 계속 배워야 합니다. 그리스도인은 모두 다 그리스도의 학생들입니다(벨기에 신앙고백서 제13조).

사도신경을 바르게 아는 것은 매우 중요합니다. 그래야

복음을 더욱 확실하게 이해할 수 있습니다. 자기 자신만 아니라 복음을 모르는 자들에게 복음을 전하고 가르치는 데 유용합니다. 모든 성도들이 함께 이해하고 고백할 때, 교회는 더욱 신앙고백 공동체로 든든히 서게 됩니다. 모든 교인들이 사도신경을 잘 이해하고 암송한다면, 이단에 빠질 수 없습니다. 이단이란 성경의 가르침에 벗어난 잘못된 가르침을 특징으로 하는데, 사도신경을 제대로 이해한다면 그러한 잘못된 가르침에 빠지기 어렵습니다. 간혹 신천지 같은 수준 낮은(?) 이단에 빠지는 사람들을 보면 당황스러울 때가 있습니다. '사도신경만 잘 알아도 이단에는 안 빠질 텐데' 하고 말입니다.

사도신경은 쉽습니다. 하지만 계속 배워야 합니다. 기독교 교육의 기초는 사도신경을 기본으로 하고 있습니다. 유치부에서부터 노년부에 이르기까지 모든 교육은 사도신경을 토대로 합니다. 칼뱅의 유명한 책 『기독교 강요』도 사도신경을 기초로 하고 있습니다.*

---

* 　장 칼뱅, 『기독교 강요』, 2권 16장 18절. 칼 바르트는 사도신경이 교의학의 기초안을 공급한다고 표현한다. 칼 바르트, 『사도신경 해설』, 신경수 옮김(서울: 크리스챤다이제스트, 1997), 11.

사도신경은 암송 그 자체가 목적이 아닙니다. 암송은 그 의미를 분명히 이해할 때 의의가 있습니다. 배움과 가르침 없이 암송만 계속하다 보면 결국 주문(呪文)이 될 수도 있습니다. 배우고 암송하고, 암송하고 배워야 합니다.

이 책은 이미 많은 사람들에게 사랑을 받은 저의 책『사도신경, 12문장에 담긴 기독교 신앙』(디다스코, 2017)을 상당 부분 의존하고 있습니다. 더 깊은 공부를 원하시는 분은 위 책을 읽어 보시기 바랍니다.

제1장
사도신경에 대한 오해

제1장
사도신경에 대한 오해

사도신경, 많이 아는 것 같지만 과연 그럴까?

수도 없이 암송하는 사도신경이기에, 많은 사람들은 잘 안다고 생각합니다. 하지만, 실제 대화를 해 보면 그렇지 않은 경우가 많습니다. 여러 가지 오해가 있고, 정확하지 않은 정보를 갖고 있는 경우가 많습니다.

인터넷 서핑을 하다 보면 사도신경에 대한 거짓 뉴스(?)들이 종종 보입니다. 대표적으로 사도신경은 사도들이 만들었다든지, 사도신경은 천주교(로마가톨릭)의 것이므로 개신교에서 해서는 안 된다든지, 사도신경은 성경에 없기 때문에 중요하지 않다든지 하는 내용입니다.

과연 그럴까요? 우리는 이런 오해에 속지 말아야 합니다. 바른 정보를 갖고 있어야 합니다. 여러 가지 오해가 있겠지만, 이 글에서는 사도신경을 누가 만들었는지, 사도신경은 과연 천주교의 것인지에 대해 생각해 보겠습니다.

사도신경을 누가 만들었느냐고 물으면, '사도신경'이라는 명칭 때문에 예수님의 제자들인 '사도'(使徒)들이 작성한 것이라고 대답하는 경우가 많습니다. 이런 오해는 오래된 오해입니다. 4세기에 활동한 '루피누스'(Rufinus Tyrannius , Aquileia, 345-410)는 자신의 사도신경 주석에 이런 말을 남겼습니다.

오순절 성령 강림 사건 이후 전 세계로 흩어져서 복음을 전해야 할 열두 사도들이 서로 떨어져서 복음을 전하므로 인해 서로 다른 교리를 전할 위험을 막기 위해서 성령의 영감으로 각각 한 사람씩 하나의 조항을 말한 것을 모은 것이 사도신경이다.[*]

---

[*] Rufinus Tyrannius, *Commentary on the Apostles' Creed*, §2, edited and translated by J. N. D. Kelly, *Ancient Christian Writers*, vol. 20, cited in G. C. Stead, "The Apostles' Creed", in *Foundation Documents of the Faith*, ed. Cyril S. Rodd(Edinburgh: T&T Clark, 1987), 2; J .N. D. Kelly, *Early Christian Creeds*(London: Continuum, 1972³), 1.

이 내용 때문에 오해가 시작되었는데, 한참 시간이 흐른 15세기에 와서야 오해가 바로잡혔습니다. 이탈리아의 인문주의자이자 문헌학자였던 로렌초 발라(Lorenzo Valla, 1407-1457)에 따르면, 루피누스의 생각은 사도신경이 12개의 문장으로 구성되어 있다는 것 때문에 생겨난 추측에 불과합니다. 그 이후 장 칼뱅(John Calvin, 1509-1564)[*]이나 보시우스(Gerardus Vossius, 1577-1649), 제임스 어셔(James Ussher, 1581-1656) 등도 사도신경의 사도 저작설을 부인했습니다.[**]

사도신경은 사도가 작성한 것이 아닙니다. 특정한 작성자가 없습니다. 교회 역사를 통해 서서히 자연스럽게 굳어진 것입니다. 고대교회는 불신자가 기독교 복음에 관심을 가진 경우 그들에게 기독교 교리를 설명하고 가르친 뒤에 세례를 줄 필요가 있었는데, 그 내용을 정리하면서 자연스럽게 굳어진 것이 사도신경입니다. 이해하기 쉽게 말씀드리면, 일종의 세례 문답교육에 사용된 내용입니다. 예를 들어, "당신은 전능하신 하나님 아버지, 천지의 창조주를 믿

---

[*]　칼뱅, 『기독교 강요』, 2권 16장 18절.
[**]　유해무, 『개혁교의학』(서울: 크리스챤다이제스트, 1997), p.90, n.172.

습니까?"라고 묻고, "그분의 독생하신 아들 우리 주 예수 그리스도를 믿습니까?"라고 묻고, "그분은 성령으로 잉태되셔서 동정녀 마리아에게서 나셨음 을 믿습니까?"라고 묻는 식으로 해서 답을 한 사람에게 세례를 베풀었는데, 그 내용이 시간이 흘러 오늘날의 사도신경으로 굳어지게 된 것입니다.

이에 대해서는 215년경에 히폴리투스(Hippolytus of Rome, 170년경-235년경)가 쓴 『사도적 전통』에서도 찾아볼 수 있습니다.

세례를 받을 사람이 물로 내려가면 세례를 베푸는 사람이 다음과 같이 묻는다. "그대는 전능하신 하나님 아버지를 믿습니까?" 이에 대해 수세자가 "믿습니다"라고 대답하면 세례를 베풀고, 다시 "그대는 하나님의 아들, 성령으로 말미암아 마리아에게서 나시고 본디오 빌라도의 치하에서 고난당하시고 죽으셨다가 장사되셨다가 삼 일째에 죽은 사람들 가운데서 다시 살아나셔서 하늘로 오르셔서 하나님의 오른쪽에 앉아 계시다가 거기로부터 살아있는 사람들과 죽은 사람들을 심판하러 오실 예수 그리스도를 믿습니까?"라고 묻는다. 이에 대해 수세자가 "믿습니다"라고 대답하면, 다시 "성령을 믿으며 거룩한 보편 교회와 몸의 부활을 믿습니까?"라고 묻는다. 수세자가 "믿습니다"라고 답하면 다시 세례를 주었다.[*]

이처럼, '사도'들이 작성한 것이 아닙니다. 그런데 왜 '사도'신경이라고 부를까요? '작성자'가 사도이기 때문이 아니라, '내용'이 사도적이기 때문입니다. 사도신경은 비록 사도들과는 무관하지만, 그 내용이 사도들이 전한(고전 11:2; 딤후 1:14) 복음과 일치하며, 사도적 복음 위에 서 있는 교회가 믿고 고백하는 내용입니다. 그렇기 때문에 '사도'신경이라 부릅니다.

이 설명을 통해 또 다른 오해인, '사도신경은 천주교(로마가톨릭)의 것이다'라는 오해를 해결할 수 있습니다. 천주교(로마가톨릭)는 중세를 통해 형성되었기에 사도신경보다 이후에 생겼고, 사도신경은 고대교회 역사 속에서 사도적 복음에 따라 자연스럽게 나타난 것이므로 천주교의 것이라는

---

[*]   김영재, 『기독교 신앙고백: 사도신경에서 로잔협약까지』(수원: 영음사, 2011), 40-41; 박일민, 『개혁교회의 신조』(서울: 성광문화사, 1998), 30.

생각은 너무나 근거 없는 오해입니다. 천주교는 사도신경을 만들지 않았습니다. 천주교보다 사도신경이 먼저 있었기 때문입니다. 우리는 이런 잘못된 생각을 늘 조심해야 합니다.

오히려, 사도신경은 기독교 역사 초기부터 사용된 보편 신조라는 것을 기억해야 합니다. 니케아신경, 아타나시우스신경과 함께 3대 공교회 신경(Ecumenical Creeds)*으로 받아들여져서 지금까지 정통적이고 보편적인 신조로 여겨져 왔습니다. 지금도 지상에 존재하는 대다수의 교회들이 예배 때마다 고백합니다.**

사도신경은 성경에 없다?

"사도신경은 성경에 없다. 사람들이 만들어낸 것에 불과

---

* 2011년 개정된 대한예수교장로회(고신) 헌법에는 3개의 공교회적 신경인 사도신경, 니케아신경, 아타나시우스신경을 부록에 실었다. 이는 한국교회에서는 최초로 이루어진 일이다.

** 사도신경은 서방교회의 전통에 있기 때문에 로마가톨릭교회와 서방파 개신교회가 고백한다. 동방교회 전통에 있는 교회들은 사도신경 대신에 니케아신경을 고백한다. 사도신경이 니케아신경과는 달리 역사적인 공의회에서 공적으로 결정된 것이 아니라는 이유에서다. 김영재, 『기독교 신앙고백』, 36.

하다. 그러니까 필요 없다." 인터넷상에서 흔히 볼 수 있는 말입니다. 과연 그럴까요? 철저한 오해입니다. 이른바 가짜 뉴스입니다. 우리는 이러한 거짓에 속지 말아야 합니다.

물론 성경에 사도신경은 없습니다. 십계명이 출애굽기 20장과 신명기 5장에, 주기도문이 마태복음 6장과 누가복음 11장에 실려 있는 것과 달리 사도신경은 성경의 어느 책 어느 장에도 실려 있지 않습니다. 그럼에도 불구하고 사도 신경이 성경에 없다는 말은 마치 사도신경이 성경적이지 않다는 의미처럼 오해될 수 있습니다. 비록 사도신경이 성경에 없지만, 사도신경에서 사용된 단어와 문장, 내용과 의미는 모두 다 성경에서 나왔습니다. 이 사실을 분명히 하기 위해서 번거롭지만 아래의 성경구절을 하나하나 찾아봅시다.

'아브람이 구십구 세 때에 여호와께서 아브람에게 나타나서 그에게 이르시되 나는 _____ 하나님이라 너는 내 앞에서 행하여 완전하라'(창 17:1).

'예수께서 이르시되 나를 붙들지 말라 내가 아직 아버지께로 올라가지 아니하였노라 너는 내 형제들에게 가서 이르되 내가 내 _____ 곧 너희 _____, 내 _____ 곧 너희 _____ 께로 올라간다 하라 하시니'(요 20:17).

'태초에 하나님이 _____를 _____ 하시니라'(창 1:1).

'누구든지 예수를 _____ 이라 시인하면 하나님이 그의 안에 거하시고 그도 하나님 안에 거하느니라'(요일 4:15).

'말씀이 육신이 되어 우리 가운데 거하시매 우리가 그의 영광을 보니 _____의 _____의 영광이요 은혜와 진리가 충만하더라'(요 1:14).

'아들을 낳으리니 _____을 _____라 하라 이는 그가 자기 백성을 그들의 죄에서 _____ 할 자이심이라'(마 1:21).

'오늘 다윗의 동네에 너희를 위하여 구주가 나셨으니 곧 주시니라'(눅 2:11). '나의 _____ 이시요 나의 하나님이시니이다'(요 20:28).

'성결의 영으로는 죽은 자들 가운데서 부활하사 능력으로 하나님의 아들로 선포되셨으니 곧 _____ 시니라'(롬 1:4).

'예수 그리스도의 나심은 이러하니라 그의 어머니 마리아가 요셉과 약혼하고 동거하기 전에 _____ 이 나타났더니'(마 1:18).

'야곱은 마리아의 남편 요셉을 낳았으니 _____ 그리스도라 칭하는 예수가 _____'(마 1:16).

'이 때로부터 예수 그리스도께서 자기가 예루살렘에 올라가 장로들과 대제사장들과 서기관들에게 많은 죽임을 당하고 제 삼일에 살아나야 할 것을 제자들에게 비로소 나타내시니'(마 16:21).

'때가 제삼시가 되어 _____'(막 15:25).

'내가 받은 것을 먼저 너희에게 전하였노니 이는 성경대로 그리스도께서 우리 죄를 위하여 _____ 성경대로 사흘 만에 다시 살아나사'(고전 15:3-4).

'이는 그리스도께서 _____ 다시 죽지 아니하시고 사망이 다시 그를 주장하지 못할 줄을 앎이로라'(롬 6:9).

'주 예수께서 말씀을 마치신 후에 _____'(막 16:19).

'이르되 갈릴리 사람들아 어찌하여 서서 하늘을 쳐다보느냐 너희 가운데서 하늘로 올려지신 이 예수는 하늘로 가심을 본 그대로 _____ 하였느니라'(행 1:11).

'하나님 앞과 _____ 그리스도 예수 앞에서 그가 나타나실 것과 그의 나라를 두고 엄히 명하노니'(딤후 4:1).

'하나님이 오른손으로 예수를 높이시매 그가 약속하신 을 아버지께 받아서 너희가 보고 듣는 이것을 부어 주셨느니라'(행 2:33).

'이는 곧 물로 씻어 말씀으로 깨끗하게 하사 _____ 하게 하시고 자기 앞에 영광스러운 _____ 로 세우사 티나 주름 잡힌 것이나 이런 것들이 없이 _____ 하고 흠이 없게 하려 하심이라'(엡 5:26-27).

'그들이 사도의 가르침을 받아 _____ 떡을 떼며 오로지 기도하기를 힘쓰니라'(행 2:42).

'자녀들아 내가 너희에게 쓰는 것은 너희 _____ 가 그의 이름으로 말미암아 _____ 을 받았음이요'(요일 2:12).

'예수를 죽은 자 가운데서 살리신 이의 영이 너희 안에 거하시면 그리스도 예수를 죽은 자 가운데서 살리신 이가 너희 안에 거하시는 그의 영으로 말미암아 너희 죽을 _____ 도 _____'(롬 8:11).

'내 아버지의 뜻은 아들을 보고 믿는 자마다 _____ 을 얻는 이것이니 마지막 날에 내가 이를 _____ 하시니라'(요 6:40).

위 내용을 다 찾아서 읽으셨다면 아실 것입니다. 사도신경의 내용이 성경에 있습니다. 사도신경은 성경에 있는 내용을 교회 역사가 잘 정리한 것입니다. 게다가 그냥 아무 의미 없이 나열한 것이 아니라 성경 전체의 교리를 잘 이해할 수 있도록 열거하고 있습니다. 그러므로 가짜뉴스에 속지 맙시다. 사도신경은 필요 없는 게 아니라 오히려 우리의 신앙에 큰 유익을 줍니다.

사도신경, 예배 시간에 꼭 해야 할까?

대부분의 교회는 주일예배 시간에 사도신경을 암송합니다. 왜 예배 시간에 사도신경을 고백할까요? 성경에 '예배 시간에는 사도신경을 고백하라'라는 말이 있습니까? 성경이 기록될 때까지는 사도신경은커녕 신조라는 것 자체가 없었으니 그런 말은 없습니다. 베드로나 바울이 예배 시간에 사도신경을 고백한 적이 없습니다. 1세기 성도들이 예배 시간에 사도신경을 고백하진 않았습니다. 그렇다면 왜 사도신경이 예배 순서 안에 들어오게 되었을까요?

사도신경은 교회 역사 속에서 자연스럽게 형성되었습니다. 특히 세례와 관련되죠. 그러한 역사는 결국 예배 안에 들어오는 계기도 됩니다.

사도신경은 세례를 통해 형성되었습니다. 그 말은 세례 받은 자들은 모두 사도신경을 고백하며 암송하는 자들이었다는 것입니다. 다르게 말하면, 예배에 참여하는 사람들 중에 세례 받은 사람들은 사도신경을 고백하고 암송할 줄 아는 자들이었습니다. 예배에 참여하는 사람들 중에 세례를 받아야 할 자들은 나중에 사도신경을 고백하고 암송해야 할 자들이었습니다. 그러다 보니 자동적으로 공예배 시간에 암송하는 방식으로 정착하게 된 것입니다.

사도신경이 예배 안에 들어왔다는 건, 예배 때마다 자신의 의지와 상관없이(?) 사도신경을 암송할 수밖에 없었다는 말이고, 그건 결국 세례받았을 때의 서약이 매주일 반복되었다는 의미입니다. 이렇게 함으로 평생에 단 한 번 받는 세례는 그 의미상 매주일 되뇌일 수밖에 없게 되었습니다(참고. 웨스트민스터 대요리문답 제167, 177문답). 세례받을 때에 행했던 신앙고백이 그날 하루만으로 끝난 것이 아니라 매주일, 매일, 매순간의 삶에서 계속되고 있음을 기억하게 되었습니다.

앞서 말씀드린 대로, 대부분의 교회는 예배 중에 사도신경을 고백합니다. 그렇다면 예배 중에 사도신경을 하지 않으면 잘못된 것인가요? 그렇지만은 않습니다. 예배 중에 하는 것이 좋고 유익하지만, 하지 않는다고 해서 잘못된 것이라고 단순하게 접근할 수만은 없습니다.

침례교는 사도신경을 고백하지 않습니다. 네덜란드 계통의 개혁교회 중에도 예배 시간에 사도신경을 하지 않는 경우가 많습니다. 청교도들이 작성한 웨스트민스터 대소요리문답의 경우 십계명과 주기도문은 다루지만 사도신경은 다루지 않습니다. 동방교회(그리스 정교회, 러시아 정교회)의 경우 사도신경을 인정하지 않고 대신 니케아신경을 인정합니다. 그 이유는 사도신경이 니케아신경과 달리 역사적인 공의회에서 공적으로 결정된 것이 아니라는 것 때문입니다. 침례교나 청교도의 경우 사도신경 그 자체를 반대한 것은 결코 아니라는 점을 기억해야 합니다. 건전한 교회이면서도 사도신경을 예배 시간에 사용하지 않는 교회가 있습니다. 그렇다고 그들이 잘못되었다고 말하기는 어렵습니다. 오히려 하면서도 건전하지 않은 교회가 있습니다. 그러므로 사도신경을 예배 시간에 하느냐 안 하느냐로 어느 교회가 건전한가 아닌가를 단순하게 판가름하지 않도록 조심해야 합니다. 하느냐 안 하느냐도 중요하지만, 더 중요한 건 왜 하는지, 왜 안 하는지 그 이유가 중요합니다. 예배 때 하지 않는다는 것을 넘어 만약 사도신경을 반대한다면 문제가 되겠지요. 그럼에도 불구하고 예배 중에 사도신경을 고백하는 것은 교회와 성도에게 큰 유익을 주기 때문입니다. 이 전통을 이어가는 것이 좋습니다.

교회 역사 가운데 형성된 좋은 신조인 사도신경, 자주해도 지나치지 않습니다. 사도신경을 예배 시간에 고백하면 얻는 유익이 더 많습니다. 하지 않아서 얻는 유익보다 하면서 얻는 유익이 더 많습니다. 그러니 굳이 예배 시간에 있던 사도신경 순서를 뺄 필요는 없겠습니다.

그러면서도 다시 덧붙입니다. 주일 공예배의 순서는 당회가 정할 수 있습니다. 당회는 회중의 영혼을 살피는 치리회이니, 회중의 상태를 고려하여 적절히 할 수 있습니다. 수년간 동일하게 진행된 예배 순서가 때로는 식상한 느낌을 줄 수 있으니 자그마한 변화를 주기 위해서 조정하는 것은 가능합니다.

예배 중에 사도신경 고백을 하지 않는 교회라고 해서 함부로 단순하게 판단하는 일은 늘 조심해야 할 것입니다.

사도신경, 번역을 논하다

사도신경에 대한 구체적인 해설로 들어가기 전에 번역 문제를 논해 보려고 합니다. 조금은 논란의 소지도 있겠지만, 그럼에도 이 부분을 과감히(?) 다뤄 보려 합니다. 그 이유는 바른 번역은 너무나 중요하기 때문입니다. 잘못된 번역은 잘못된 생각을 낳고, 잘못된 생각은 오해와 오류를 낳기 때문입니다.

한국교회는 2010년 즈음까지만 하더라도 오랫동안 옛 번역을 사용했습니다. '전능하사 천지를 만드신…'으로 시작하는 그 번역 말입니다. 하지만 옛 번역은 무엇을 원본으로 했는지, 누가 번역했는지, 번역의 원칙은 무엇이었는지 알 수 없는 번역이었습니다. 몇몇 군데는 오역과 수정이 요구되는 부분이 있었습니다. 또한 너무나 오래되어서 한글어법이 현시대와도 맞지 않았습니다. 많은 사람들이 이러한 문제들을 지적했었습니다.

이러한 문제점에 대한 보편적 인식 때문인지, 2000년대 초반에 예장 통합이 자체적으로 재번역을 시도했습니다. 그러다 2003년 총회에서 보류하기로 하고 한국교회가 통일된 번역을 사용했으면 하는 취지에서 한국기독교총연합회

(이하 한기총)와 한국기독교교회협의회(이하 KNCC)에 재번역을 요청했습니다. 이에 두 기관은 2004년 위원회를 구성했고, 이종윤 목사(서울교회)를 위시하어 긱 총회의 대표들이 모여서 지금의 사도신경이 나왔습니다.

새로운 번역은 이전 번역에 비해 좋은 점이 많습니다. 예를 들어, '성령으로 잉태되사 동정녀 마리아에게 나시고'였던 옛 번역은 문법상 전혀 맞지 않는 표현이었는데, 새 번역은 '성령으로 잉태되사 동정녀 마리아에게서 나시고'라고 바르게 번역했습니다. '저리로서'였던 옛 번역 역시 고어(古語)로 현대인들에게 맞지 않는 표현이었는데, 새 번역은 '거기로부터'라고 바르게 번역했습니다. '거룩한 공회'였던 옛 번역은 '공회'라는 표현의 모호함이 있었지만, 새 번역은 '거룩한 공교회'라고 그나마 친절하게 번역했습니다.

이런 좋은 점들이 많음에도 불구하고 여전히 아쉬운 점이 있습니다. 새 번역은 이전부터 제기되었던 번역의 문제점들이 완전히 반영되지 않았고, 사도신경 번역과 관련해 문제를 제기해 왔던 학자들이 번역 과정에 참여하지 않았으며, 국어학자가 함께 참여했어야 하는데 그렇게 하지 못했다는 점 등입니다. 그래서 옛 번역에 비해 좋은 면도 있지만, 한 번 바꾸면 다시 바꾸기 쉽지 않다는 점에서 아쉬운 면들을 너무나 많이 남긴 번역입니다.

예를 들어 새 번역의 첫 문장은 '나는 전능하신 아버지 하나님'으로 시작하는데, 일반적으로 '하나님 아버지'가 바른 표현입니다. 물론 '아버지 하나님'이 틀린 표현은 아니지만 어색한 표현입니다. 사도신경의 원문인 라틴어, 헬라어나 영어 번역들이 모두 '하나님 아버지'라고 했는데, 유독 새 번역만 '아버지 하나님'이라고 한 점은 안타깝습니다. 이외에도 '본디오 빌라도에게 고난을 받아'라는 번역은 성경을 봐도 그렇고 라틴어 사도신경을 봐도 그렇고, "본디오 빌라도 치하에서 고난을 받아"라고 하는 것이 더 바람직한데 이에 대한 수정이 전혀 없었습니다. '오른쪽' 대신 '우편'이라는 표현을 여전히 사용한 것도 아쉽습니다. 또한 1905년에 사용하던 사도신경까지는 있었으나 1908년 감리교와 하나의 찬송가를 발행하면서 사라져 버린 음부강하와 관련된 부분이, 난외주에 '장사되시어 지옥에 내려가신 지가 공인된 원문(Forma Recepta)에는 있으나, 대다수의 본문에는 없다'라고 되어 있을 뿐 본문에서 다루지 않은 점 등도 아쉬움을 갖습니다. 또한 어디에서는 '다시 살아나셨으며'라고 했지만, 어디에서는 '부활'이라고 한 것처럼 한글과 한자 사용에 있어서 완전한 통일이 되지 않았다는 점도 아쉬운 부분입니다. 이외의 더 많은 내용은 이어지는 글을 통해 언급하려고 합니다.

성경번역의 중요성 만큼이나 사도신경 번역도 중요합니다. 사도신경은 어린아이에서부터 노인에 이르기까지 모든 세대가 사용하며, 무엇보다 교회에 처음 오는 순간부터 접하는 것이라는 점에 있어서 바른 번역의 필요성은 아무리 강조해도 지나치지 않습니다.

이와 관련하여 대한예수교장로회 고신총회가 2011년에 헌법을 개정하면서 부록에 수록한 사도신경을 참고하는 것이 좋습니다. 그 번역은 아마도 고려신학대학원에서 조직신학을 가르친 유해무 교수의 『개혁교의학』, 94페이지에 실려 있는 번역 제안을 반영한 것으로 보입니다. 저 역시도 2017년에 발행한 『사도신경, 12문장에 담긴 기독교 신앙』(손재익, 디다스코)라는 책에서 사도신경 각 단어와 문장에 대한 번역 문제를 심도 있게 다룬 바 있습니다. 그밖의 몇몇 제안들이 참고가 되어 더 좋은 번역이 나오면 하는 소망을 갖습니다.

Q. 사도신경에 대해 나는 얼마나 알고 있었나요?

Q. 사도신경이 성경에 없나요?

Q. 예배 시간에 사도신경을 외우면서 어떤 생각을 하시나요?

Q. 사도신경을 외우면서 번역에 이상하다고 느낀 점이 있으신가요?

제2장
사도신경, 하나하나 톺아보기

제2장
사도신경, 하나하나 톺아보기

사도신경으로 자연스럽게 삼위일체를 고백한다

사도신경을 고백할 때마다 우리는 '삼위일체'를 고백합니다. 무슨 말이냐고요? 삼위일체라는 글자는 눈 씻고 찾아봐도 없는데요? 특히 삼, 위, 체라는 글자는 아예 나오지도 않는데요. 네, 맞습니다. 사도신경에는 삼위일체라는 말도 없을 뿐 아니라 그와 관련된 표현이나 설명도 전혀 없습니다. 그런데 무슨 삼위일체를 고백하냐구요?

나무만 보다 보면 숲을 못 본다고 하죠. 사도신경도 마찬가지입니다. '나는 전능하신 하나님…'으로 시작되는 나무를 보기 전, 숲을 봐야 합니다. 사도신경 본문을 읽어 보기 전에 살짝 거리를 두고 보시면, 세 단락으로 구분해야 하지 않나 하는 것을 느낄 겁니다.

이전 번역에서는 잘 드러나지 않았는데, 한국 교회가 2008년에 새롭게 번역하여 사용하고 있는 새 번역은 아주 잘 보여줍니다. '나는 …… 믿습니다'라는 부분이 세 번 반복됩니다. '나는 전능하신 아버지 하나님……믿습니다', '나는 그의 유일하신 아들 …… 믿습니다', '나는 성령을 …… 믿습니다'입니다. 한글로 된 사도신경은 '믿습니다'라는 표현이 네 번 사용되는데,[*] 라틴어 원문에는 Credo(믿습니다)가 성부, 성자, 성령에게 각각 사용되어 세 번 사용됩니다. 이를 통해 사도신경의 근간이 삼위일체 하나님에 대한 믿음에 기초함을 보여줍니다. 본문에는 사도신경이라는 말도 내용도, 고백도 없지만 구조를 통해 삼위일체 하나님을 고백합니다.

사도신경이 삼위일체 하나님을 고백한다는 사실은 사도신경이 만들어진 배경을 생각해 보면 더욱 분명해집니다.

---

[*] 한글은 술어가 제일 마지막에 들어가야 하는 특성상 성부, 성자, 성령에게 각각 '믿습니다'를 사용한 뒤, 제일 마지막에 한 번 더 사용한 것이다.

앞서 몇 차례 말씀드린 것처럼, 사도신경은 세례 문답에 기초를 둡니다. 그런데 세례란 '그러므로 너희는 가서 모든 민족을 제자로 삼아 아버지와 아들과 성령의 이름으로 세례를 베풀고'(마 28:19)라는 말씀에 근거해 삼위 하나님의 이름으로 베푸는 것이니, 사도신경이 삼위일체 신앙을 고백하고 있음은 당연합니다. 모든 신자들은 사도신경으로 삼위일체 하나님을 고백하여, 성부·성자·성령의 이름으로 세례를 받았습니다. 그러므로 사도신경은 삼위일체와 분리될 수 없습니다. 신자의 고백은 궁극적으로 삼위일체 하나님에 대한 것이며, 삼위일체 하나님을 향합니다.

사도신경을 삼위일체 구조에 따라 세 부분으로 나눌 수 있다는 사실은 고대교회부터 누구나 인정하던 부분입니다. 또한 개혁교회의 요리문답서인 하이델베르크 요리문답 제24문답은 다음과 같이 설명합니다.

24문: (사도신경의) 이 조항들은 어떻게 나누어집니까?
답: 세 부분으로 나누어집니다. 첫째, 성부 하나님과 우리의 창조. 둘째, 성자 하나님과 우리의 구속. 셋째, 성령 하나님과 우리의 성화에 관한 것입니다.

헤르만 바빙크(Herm Bavinck, 1854-1921)는 '기독교 신앙의 핵심은 삼위일체 하나님을 믿는 것이고, 모든 기독교 교리의 기초는 삼위일체론에 있으며, 삼위일체 신앙은 우리 고백의 핵심이요 기독교를 다른 종교와 구별하는 표요 기독교인들의 영광이요 위로다'라고 했습니다.[*]

이 삼위일체 하나님에 대한 고백을 뼈대로 하는 것이 사도신경입니다. 그러므로 사도신경을 고백하는 자들은 반드시 삼위일체 하나님을 믿고 고백해야 합니다. 본질상 한 분이신 하나님께서 성부, 성자, 성령의 삼위로 존재하심을 믿으며 성부, 성자, 성령의 사역을 믿으며 기억해야 합니다.

반면, 삼위일체 하나님을 믿지 않는 사람들은 사도신경을 고백할 수 없습니다. 삼위일체 하나님을 믿지 않는다면 사도신경을 아무리 입 밖으로 소리 내어 말해도 제대로 고백한 것이 아닙니다. "나는 사도신경을 믿습니다. 하지만 삼위일체는 믿지 않습니다"라고 말할 수 없습니다. 사도신경을 제대로 믿는다면 누구라도 삼위일체 하나님을 믿어야

---

[*] Herman Bavinck, *Our Reasonable Faith*, trans by Henry Zylstra (Grand Rapids: Baker, 1977), 김영규 역, 『하나님의 큰 일』(서울: CLC, 1999), 145.

합니다.

더 나아가 삼위일체를 뼈대로 하는 사도신경은 우리로 하여금 삼위일체를 믿지 않는 이들로부터 구별되게 해줍니다. 유대인과 모슬렘, 여호와의 증인 등은 삼위일체를 믿지 않습니다. 그러므로 사도신경을 참되게 고백한다면, 그런 사상에 빠질 수 없습니다.

이렇게 사도신경을 통해 삼위일체를 믿는다면, 매주일 사도신경을 고백하는 자들은 다음 사실을 기억해야 합니다.

나는 삼위일체 하나님의 구속사역으로 말미암아 구원받아, 삼위일체 하나님을 믿고 고백하며, 삼위일체 하나님의 이름으로 삼위일체 하나님을 향하여 세례를 받았으며, 삼위일체 하나님께서 세우셨고 다스리시는 교회의 회원이 되어, 삼위일체 하나님과 예배를 통해 교제하고, 삼위일체 하나님의 말씀을 들으며, 삼위일체 하나님을 위해서 살아가는 자다.

성부 하나님의 존재와 속성을 믿습니다

삼위일체 하나님에 대한 믿음을 기본 뼈대로 하는 사도신경은 삼위 중 제1위이신 '성부 하나님'에 대한 고백으로 시작합니다. '나는 전능하신 아버지 하나님, 천지의 창조주를 믿습니다'라는 문장이죠. 이 번역은 '나는 전능하신 하나님 아버지, 하늘과 땅을 창조하신 분을 믿습니다'라고 바꾸면 좀 더 좋아 보입니다. 특히 '아버지 하나님'보다는 '하나님 아버지'라는 이전 번역이 더 좋습니다.

성부 하나님부터 시작하는 이유는 삼위 하나님은 동등하시지만 질서가 있으니, 성부께서 제1위에 해당하시기 때문입니다.

첫 문장은 아주 짧습니다. 단숨에 읽을 수 있죠. 그러나 이 짧은 문장 안에 많은 내용이 담겨 있습니다. 성부 하나님의 존재, 속성, 위격, 사역, 그리고 우리와 그분의 관계 등의 내용이 담겨 있습니다.

무엇보다 전체 문장은 성부 하나님의 존재(存在, Being)에 대한 우리의 믿음과 고백이 담겨 있습니다. 믿음은 존재를 전제로 합니다. 그렇기에 이 문장을 고백하는 순간 성부, 하나님의 존재를 믿습니다. 성부 하나님의 존재를 믿지 않는 사람은 이 고백을 할 수 없습니다.

사도신경을 고백하는 사람은 성부 하나님의 존재를 믿습니다. 하나님의 살아계심을 믿습니다. 성부 하나님을 추상적인 관념의 대상으로 믿는 것이 아니라, 실제 존재하시는 참 하나님으로 믿습니다.

존재에 대한 믿음에서 그치지 않고, 더 나아가 하나님께서 나와 우리의 하나님이심을 믿는 것과 하나님 자신과 그분에게 속한 모든 것이 나와 우리의 구원을 위한 것임을 믿는 데까지 나아갑니다.

이 고백은 이론적 무신론(theoretical atheism)과 실천적 무신론(practical atheism), 제1계명을 어기는 자를 배격합니다.[*] 이 고백을 하는 순간 하나님께서 존재하지 않는다고 말할 수 없으며, 하나님께서 존재하지 않는 것처럼 살 수 없습니다. 하나님 외에 다른 신을 둘 수 없습니다.

성부 하나님의 존재에 대한 고백은 그분의 속성에 대한 고백과 연결됩니다. 우리는 하나님을 믿되 '전능하신' 하나님을 믿습니다. '전능하신'은 성부 하나님의 속성(屬性,

---

[*] 손재익, 『십계명, 언약의 10가지 말씀』(서울: 디다스코, 2016), 92, 95-96.

Attributes)에 대한 고백입니다.

물론 하나님께는 전능성 외에도 다양한 속성들이 있습니다. 무한성, 자존성, 영원성, 불변성 등의 속성이 모두 다 하나님께 속해 있습니다. 사도신경은 모든 속성들을 다 열거할 수 없기에 '전능하신' 속성을 대표로 고백합니다.* 대표로 고백하지만, 다른 속성들도 우리의 마음속에 담겨 있어야 합니다.

사도신경은 성부 하나님을 속성으로 설명합니다. 왜냐하면 성부 하나님은 '속성'으로밖에 설명할 수 없기 때문입니다. 영으로 존재하셔서(요 4:24) 눈에 보이지 않으시는(딤전 6:16) 하나님은 하나님께 속한 특성으로만 설명 가능합니다. 그래서 교부신학에서부터 개혁신학에 이르기까지 '하나님에게 있어서 속성은 곧 존재다'라는 말이 강조되어 왔습니다.

사도신경의 고백은 입술만의 고백이 아닙니다. 우리의 진심입니다. 마음 깊은 곳에서 우러나오는 신앙입니다. 그

---

* 사도신경은 매우 짧은데, '전능하신 하나님 아버지'라는 표현은 두 차례 언급되고 있다. 첫 번째 문장 '전능하신 하나님 아버지, 하늘과 땅을 창조하신 분'이라는 고백과 여섯 번째 문장 '하늘로 오르셨고 전능하신 하나님 아버지의 오른쪽에 앉아 계신다'는 고백에 언급된다.

렇기에 사도신경을 고백하는 사람은 참으로 전능하신 성부 하나님을 믿습니다. 성부 하나님의 전능하심을 믿는 사람은 성부 하나님께서 자신의 몸과 영혼에 필요한 모든 것을 채워주시며, 눈물 골짜기 같은 세상에서 당하는 어떠한 악도 합력하여 선을 이루게 하실 것을 믿습니다.

이 고백이 입술만의 고백이 되지 않으려면 '전능하신'이라는 성부 하나님의 속성을 고백할 때는 하나님의 전능하심에 대한 깊은 인식을 가져야 합니다. 모든 것을 하실 수 있으신 하나님을 믿고 있음을 기억해야 합니다. 하나님은 능치 못한 일이 없으시다는 사실을 기억해야 합니다. 전능하신 속성 외에 다른 여러 속성들도 있음을 기억하고 모든 속성에 대한 이해를 가지고 고백해야 합니다. 그럴 때 이 고백의 참된 의미가 밝히 드러나게 될 것입니다.

우리의 아버지이신 성부 하나님께서 하신 일

우리는 삼위일체 하나님의 한 위격인 성부를 '하나님 아버지'라고 부릅니다. 이 표현은 두 가지 의미를 담습니다. 성자이신 예수 그리스도의 아버지와 사도신경을 고백하는 우리의 아버지. 새 번역은 '아버지 하나님'이라고 했는데,

'하나님 아버지'라고 하는 게 더 좋겠습니다.

성자 예수님은 성부를 가리켜 아버지라 부르셨고(마 26:42; 눅 23:46), 성부께서는 성자를 아들이라 부르셨습니다(마 3:17). 그러니 성부는 아버지이십니다(롬 15:6; 엡 1:3). 성부, 성자, 성령은 동등하시지만, 성자는 성부를 아버지라 부르시고, 성부는 성자를 아들이라고 부르십니다. 동등한 관계이지만 아버지와 아들의 관계로 표현됩니다(히 1:5).[*] 왜냐하면 성부는 영원부터 성자를 낳으셨고(시 2:7; 히 1:5; 5:5), 성자께서는 영원부터 성부로부터 나셨기 때문입니다(요 1:18). 우리는 사도신경에서 '하나님 아버지'라는 표현을 통해 성부와 성자의 관계를 믿고 고백합니다.

나아가 성부 하나님은 성자 하나님이신 예수 그리스도의 아버지시면서 동시에 사도신경을 고백하는 우리들의 아버지이십니다(사 63:16; 64:8-9; 마 5:45; 6:9). 사실 우리는 감히 하나님을 아버지라 부를 자격이 없습니다. 우리 같은 죄

---

[*] 성부와 성자의 관계에 대한 논의로 Tom A. Smail, *The Forgotten Father: Rediscovering the Heart of the Christian Gospel* (London: Hodder & Stoughton, 1980), 정옥배 옮김, 『잊혀진 아버지』(서울: IVP, 2005)를 참조하라.

인이 어찌 감히 하나님을 아버지라 부릅니까? 그럼에도 불구하고 아버지라 부를 수 있게 되었으니 이 모든 공로는 우리의 것이 아니라 전적으로 성자 하나님과 성령 하나님 덕분입니다. 하나님의 아들이신 예수님께서는 하나님을 '아버지'라고 부르셨고(마 11:25-26; 요 5:17, 19), 우리로 하여금 하나님의 자녀가 되게 하심으로(요 1:12; 롬 8:15; 엡 1:5), 하나님을 아바 아버지라 부를 수 있게 하셨습니다(롬 8:15; 갈 4:6).

우리의 아버지이신 성부 하나님은 천지, 즉 하늘과 땅을 창조하신 분입니다. 하늘과 땅은 이 세상 천지만물을 뜻합니다. 곧 눈에 보이는 것과 보이지 않는 모든 것을 뜻합니다(골 1:16). 눈에 보이지 않는 것에는 영적인 존재도 포함됩니다. 즉 천사도 창조하셨습니다(벨기에 신앙고백서 12조; 웨스트민스터 대요리문답 16문답). 하나님은 말 그대로 이 세상의 모든 것들을 창조하셨습니다.

성부 하나님께서 하신 일인 창조는 '전능하신'이라는 고백과도 연결됩니다. 속성과 사역은 연결되기 때문입니다. 속성이 있기에 사역이 가능합니다. 성부 하나님께 전능성이라는 속성이 있기에 창조의 사역을 하실 수 있었습니다.

성부 하나님의 전능하신 속성은 '창조'만 아니라 성부 하나님의 다른 모든 사역으로 연결될 수 있습니다. 하지만 사도신경은 성부 하나님의 여러 사역 중에서 '창조'와 연결시킵니다. 그 이유는 창조가 가장 대표적인 성부 하나님의 사역이기 때문입니다. 성부 하나님은 창조 외에 다른 사역들도 하셨습니다. 영원 전부터 무엇이 일어날지를 주권적으로 결정하시는 '작정'(decree)을 하셨으며(엡 1:11), 택자의 구원을 '예정'(predestination)하셨고(엡 1:4-5), 창조하신 것에 대한 '섭리'(providence)를 하셨고(마 10:29-30), 독생하신 아들 예수 그리스도를 이 세상에 보내시는(요 5:36-37; 6:57) 등의 사역을 하셨습니다. 그럼에도 불구하고 사도신경이 '창조'만 언급한 이유는 성부 하나님의 가장 '대표적인' 사역이기 때문이지, 성부 하나님의 '유일한' 사역이기 때문은 결코 아닙니다. 그래서 사도신경을 해설하는 하이델베르크 요리문답은 성부 하나님의 사역 중 창조뿐만 아니라 '섭리'를 다룹니다(26-27문). 벨기에 신앙고백서, 웨스트민스터 신앙고백서 및 대소요리문답도 창조의 사역을 다룬 뒤에 이어서 섭리의 사역을 다룹니다(벨기에 신앙고백서 13조; 웨스트민스터 신앙고백서 5장; 웨스트민스터 대요리문답 18문; 웨스트민스터 소요리문답 11문). 사도신경에서 비록 작정, 예정, 섭리 등을 다루진 않지만, 창조라는 고백에서 제외시킬 수 없음을 기억해야 합니다.

가장 길게 다루는 성자 하나님

사도신경은 삼위일체를 뼈대로 합니다. 이것은 기독교 신앙의 핵심이 삼위일체 하나님을 믿는 것이고, 모든 기독교 교리의 기초는 삼위일체론에 있으며, 삼위일체 신앙은 우리 고백의 핵심이요 기독교를 다른 종교와 구별하는 표요, 기독교인들의 영광이요 위로라는 헤르만 바빙크의 말을 떠올리게 합니다.

삼위일체론에 따르면 본질상 한 분이신 삼위는 동등합니다. 성부, 성자, 성령의 동등함을 믿습니다. 본질상 같으시며, 영광과 존귀와 권세와 위엄도 동등하십니다. 어느 한 위격이 더 낮거나 더 높거나 하는 것이 없습니다.

그럼에도 불구하고 사도신경을 보면 성자 하나님이 좀 더 대접(?)을 받는 것 같습니다. 제1위이신 성부 하나님에 대한 가르침과 고백은 너무 짧은데, 제2위이신 성자 하나님에 대한 고백은 굉장히 깁니다. 성령 하나님에 대한 고백에 비해서도 깁니다. 마치 성자께서 주인공처럼 보입니다.

왜 그럴까요? 그 이유는 크게 2가지입니다.

첫째, 성자 하나님에 관한 내용을 성경에서 가장 많이 다루고 있을 뿐만 아니라, 기독교 신앙이란 '예수님을 믿는 것'으로 대표되기 때문입니다. 기독교라고 하면 가장 먼저 떠오르는 것이 예수님입니다. 기독교 복음을 증거할 때 "하나님을 믿으십시오" 혹은 "성령님을 믿으십시오"라고 하기보다는 "예수님을 믿으십시오"라고 하는 경우가 많습니다. 기독교 신앙을 믿는다는 것은 무엇보다도 예수 그리스도를 믿는 것에 있습니다. 기독(基督)이라는 말도 그리스도라는 말의 한자(漢字) 번역입니다. 이런 이유에서 사도신경은 성자 하나님에 관한 내용을 성부와 성령에 비해 더 많이 다룹니다.

둘째, 사도신경이 형성되던 AD 2-6세기의 가장 중요한 논쟁이 성자 하나님에 대한 것이었기 때문입니다. 신조는 작성된 시대적 상황을 반영합니다. 예컨대, 어느 시대에 성령에 관한 논쟁이 많다면, 그 논쟁을 해결하기 위해서 성령에 대한 내용을 다른 내용보다 더 다루게 됩니다. 어느 시대에 참교회가 아닌 거짓 교회가 많다면, 교회가 무엇인지에 대한 내용을 더 다루게 됩니다. 그래서 신조들에는 각각의

특징이 있습니다. 사도신경이 형성되던 AD 2-6세기는 성자 하나님이신 예수 그리스도의 신성과 인성에 관한 논의가 활발하던 시기였습니다. 이러한 때에 성립된 것이 사도신경이기 때문에 예수님께서 하나님의 아들이심과 동시에 사람이시라는 점을 강조하기 위해서 성자 하나님에 대한 고백을 다른 내용에 비해 더 상세하게 다룹니다.

사도신경의 성자 하나님에 대한 고백은 길지만 한편으로 짧죠. 짧지만 한편으로 그 안에 많은 내용이 담겨 있습니다. 우리가 성자 하나님에 관하여 알고 믿어야 할 부분을 아주 잘 요약해 놓았습니다.

성자 하나님에 대한 고백은 크게 세 부분으로 구분할 수 있습니다. 성자 하나님의 존재(being), 위격(person)과 칭호(names), 생애(life)와 사역(work)입니다. 전체 문장은 '존재'에 대한 고백입니다. '그의 유일하신 아들, 우리 주 예수 그리스도를 믿습니다'는 '위격과 칭호'에 대한 고백입니다. 나머지는 '생애와 사역'에 대한 고백입니다. 생애와 사역의 경우 낮아지심(비하)의 상태와 높이 되심(승귀)의 두 상태에서 하신 일로 구분할 수 있습니다. 사도신경의 세 번째 문장의 성령 잉태에서부터 네 번째 문장의 음부 강하는 그리스도의 낮아지심(the estate of Christ's humiliation)으로서, 한자어로 비하(卑下)라고 합니다. 다섯 번째 문장의 부활부터 일곱 번째 문장의 재림까지는 그리스도의 높이 되심(the estate of Christ's exaltation)으로서, 한자어로 승귀(昇貴)라고 합니다. 다음 장부터는 구체적인 내용을 하나하나 살펴보겠습니다.

독생하신 성자 하나님

성자 하나님에 관한 첫 시작은 그분의 위격과 칭호(이름, 직분)를 다룹니다. 사도신경의 옛 번역은 '그 외아들 우리 주 예수 그리스도를 믿사오니'라고 했습니다. 새 번역은 '그의 유일하신 아들, 우리 주 예수 그리스도를 믿습니다'라고 했습니다. 외아들을 유일하신 아들이라고 바꾼 것은 아마도 외아들이라는 번역이 주는 오해 때문인 듯합니다. 1남 7녀도 외아들이고, 1남 무녀도 외아들이기 때문입니다. 그러나 외아들이나 유일하신 아들이나 크게 다르진 않습니다. '유일하신'이라는 표현보다는 '독생하신'이라는 표현이 좀 더 분명하고 바람직합니다. 왜냐하면 성자가 성부에 대하여 어떤 관계인지를 가장 잘 보여주기 때문입니다. '유일하신'에 해당하는 헬라어 사도신경의 모노게네($\mu o \nu o \gamma \varepsilon \nu \tilde{\eta}$)는

'유일한'으로도 해석할 수 있지만, '독생하신'으로도 해석할 수 있습니다. KJV성경과 NASB성경은 헬라어 모노게네를 only-begotten으로 번역했고 개역개정과 개역한글은 '독생자'로 번역했습니다(요 1:14; 3:16, 18; 요일 4:9). 그러므로 '유일하신'보다는 성경의 표현인 '독생하신'이 성자 하나님의 위격을 더 잘 나타낸다는 점에서 '독생하신'으로 고치는 것을 생각해 볼 수 있습니다. 고신총회 헌법(2011년판)에 실린 부록은 유해무 교수의 번역[*]을 따라 '그분의 독생자 우리 주 예수 그리스도를 믿으오니'로 번역했습니다. 유해무 교수의 영향을 받은 독립개신교회(IRC)도 성약출판사를 통해 번역 발행한 『하이델베르크 요리문답』의 제23, 33문답에서 '독생자'로 번역했습니다. 합동신학대학원 이승구 교수는 자신의 책 『사도신경』에서 번역 문제를 직접 언급하지는 않지만, '하나님의 아들' 부분을 설명하면서 '독생하신 아들'이라는 의미를 구체적으로 설명합니다.[**]

아들이라는 번역도 아드님으로 바꿔봄직합니다. 한국어

---

[*]   유해무, 『개혁교의학』, 94.
[**]   이승구, 『사도신경』(서울: SFC, 2004), 102-106.

존칭어법에서 윗사람의 아들을 '아드님'이라고 부르기 때문입니다. 한국천주교회의 경우 사도신경 번역에는 '아들'로 번역했지만, 그들이 사용하는 각종 문시에는 '아들'과 '아드님'을 혼용합니다. 또한 옛 번역과 새 번역이 각각 '그', '그의'라고 한 것을 '그분의'라고 하는 것이 어떨지 생각해 볼 필요가 있습니다. 고신총회 헌법 부록에 실린 사도신경은 '그분의'라고 번역했습니다.

어떻든, '그분의 독생하신 아드님' 혹은 '그의 유일하신 아들'은 성자 하나님의 위격에 대한 고백입니다. 성자 하나님은 본질상 성부 하나님과 마찬가지로 하나님이시면서 또한 동시에 성부 하나님의 아드님이십니다. 하나님이면서 또한 동시에 성부 하나님의 아드님이시라는 것은, 성자 하나님의 독특성이며 삼위일체 하나님의 존재 방식의 독특성입니다.

성부와 성자의 관계에서 아버지와 아드님 되심은 일반적인 아버지와 아들 됨이 아닙니다. 성자는 성부와 본질상 하나이며, 신성과 능력과 영광에 있어서 동등하십니다(마 11:27; 요 10:30; 빌 2:6-8). 성자는 하나님이시면서 또한 동시에 하나님의 아드님이십니다. 그래서 성자가 성부의 '아드님'이라고 해서 성자가 성부보다 열등한 것은 아닙니다. 성자의 '아들 되심'은 위격 관계를 보여줄 뿐입니다. 성부와 성자는 각각 제1위와 제2위로서 아버지가 아들을 낳으신 관계입니다.

또한 성부와 성자의 관계에서 아버지와 아드님 되심은 어느 시점에 시작된 것이 아닙니다. 성자 하나님은 이 세상에 오시기 전에도 이미 하나님의 아드님이셨습니다(요 8:58; 17:5). 성부는 성자를 영원부터 낳으셨고(시 2:7; 히 1:5; 5:5), 성자는 영원부터 성부에게 나셨습니다(요 1:18). 그렇기에 이 '낳음'은 '창조' 행위와는 전적으로 다릅니다.

이러한 독특한 관계는 '외아들'이나 '유일하신 아들'이라는 표현을 통해서는 나타내기 어렵습니다. 대신 요한복음 1장 14절, 18절; 3장 16절, 18절; 요한일서 4장 9절에서 사용한 '독생하신 아드님'(only-begotten son)이라는 독특한 표현을 통해서 성부와 성자의 위격적 관계가 잘 나타납니다.[*]

성자 하나님의 이름과 직분

성자 하나님을 우리는 대개 '예수(님)'라고 부릅니다. 좀

---

[*]   유해무, 『개혁교의학』, 95-96; 이승구, 『사도신경』, 102-106.

더 덧붙여서 '예수 그리스도'라고 부르기도 하고, '주 예수 그리스도'라고도 부르며, '우리 주 예수 그리스도'라고 부르기도 합니다. 각각은 나름의 의미가 있습니다. 예수는 성자의 이름입니다. 그리스도는 성자의 직분입니다. 주는 우리와의 관계입니다.

먼저 예수는 이름입니다. 이 이름은 원래 흔한 이름이었습니다. 성경에만 해도 여러 명의 예수가 있습니다(마 27:17 난외주; 눅 3:29; 행 13:6; 골 4:11). 뿐만 아니라 이스라엘에는 지금도 묘비명에 무덤의 주인 이름으로 '예수'라고 된 경우가 수천 개 있습니다. 예수라는 이름은 아주 흔한 이름이었습니다. 흔한 이름이었지만, 예수님께서 구원을 위해 십자가 형벌을 받으신 후에는 그리스도인에게는 너무나 고귀한 이름이 되었고, 유대인에게는 악명 높은 이름이 되어서 더이상 자녀들에게 붙여주지 않아서 2세기부터는 희귀하게 되었습니다. 그리고 이제는 '예수'라고 하면 자연스럽게 '성자 하나님이신 예수'를 가리켜 사용하게 되었습니다.[*]

그러므로 우리는 '예수'라는 이름을 부를 때, 이 세상에는

---

[*] 이승구, 『사도신경』, 72, 75.

여러 명의 예수가 있었지만, 그 중에서 오직 한 예수만이 그 이름의 의미에 합당한 분이라는 점을 기억해야 합니다. 이 이름은 영원 전부터 있었던 것은 아니고 이 세상에 태어나실 때에 붙여진 이름입니다. 이름의 뜻은 '구원'입니다. 마태복음 1장 21절 말씀인 '아들을 낳으리니 이름을 예수라 하라 이는 그가 자기 백성을 그들의 죄에서 구원할 자이심이라'에는 이 이름의 의미와 뜻, 즉 성자 하나님의 사역(사명)이 담겨 있습니다. 성부 하나님의 아드님께서 이 세상에 오신 이유는 죄와 비참함으로 인하여 흑암과 사망의 권세 아래에 있는 자기 백성을 구원하시기 위함입니다. 오직 하나님의 독생하신 아드님 예수만이 성자 하나님이시요, 우리의 구원자이십니다. 성자 하나님 외에 다른 구원자는 없습니다. 성자 하나님은 유일한 구주십니다. 사도행전 4장 12절에서는 '다른 이로써는 구원을 받을 수 없나니 천하사람 중에 구원을 받을 만한 다른 이름을 우리에게 주신 일이 없음이라 하였더라'고 하며 하나님의 아드님인 예수 외에 구원을 위한 예수가 없음을 분명히 합니다.

이름만으로는 약간 아쉽습니다. '그리스도'까지 따라와야 합니다. 그리스도는 성자 하나님의 직분에 대한 고백입니다. 베드로는 예수님에게 "주는 그리스도시요"(마 16:16)라고 고백했습니다. 요한복음 20장 31절에서는 '오직 이것을 기록함은 너희로 예수께서 하나님의 아들 그리스도이심을 믿게 하려 함이요'라고 했습니다.

'그리스도'는 헬라어로서, 좀 더 분명하게 발음하면 '크리스토스'(Χριστός)입니다. 히브리어로 번역하면 '메시야'(Messiah)입니다(요 1:41). '메시야'는 '기름을 붓다'라는 뜻을 가진 '마샤흐'의 명사형으로써, '기름 부음을 받은 자'(the anointed one)라는 뜻입니다. 구약시대에 기름 붓는 행위는 선지자, 제사장, 왕의 직분을 성별하는 표였습니다. 직분을 나타내는 행위가 기름을 붓는 것이죠. 그러므로 '그리스도'는 성자 하나님의 선지자, 제사장, 왕의 직분을 의미합니다. 성자 하나님은 구약의 모든 직분자와 기름부음 받은 자를 대표하는 유일한 그리스도이십니다. 성자 하나님은 선지자, 제사장, 왕이십니다.

예수 그리스도이신 성자 하나님은 우리의 주님이십니다. 그래서 '우리 주 예수 그리스도'라고 고백합니다. 한국천주교회는 '우리 주 예수 그리스도님'이라고 번역했는데, '우리 주님 예수 그리스도'라는 번역을 생각해 볼만합니다. '우리 주님'은 성자 하나님과 우리의 관계에 대한 고백입니다. 성자 하나님은 우리의 주인(主人, Lord)이십니다. 우리의 모든 것이 성자 하나님의 것이요, 우리의 생명도 성자 하나님께 속했습니다. 성자 하나님을 '주님'이라고 표현할 때는 자동적으로 우리 스스로를 '종'(혹은 노예)으로 표현하게 됩니다 (롬 1:1; 빌 1:1). 성자 하나님은 높아지고 자동적으로 우리는 낮아집니다.

예수, 그리스도, 주님, 어떤 호칭이든 충분합니다만, 단순히 '예수' 혹은 '예수 그리스도'라고 부르는 것보다도 '우리 주(님) 예수 그리스도'라고 부르는 것이 중요한 이유는 무엇일까요? 예수님을 믿는데 그분이 그리스도이심을 믿지 않으면 안 되고, 예수가 그리스도이심을 믿으면서 우리의 주님이심을 믿지 않으면 안 되기 때문입니다. 우리는 성자 하나님을 우리의 주님, 예수, 그리스도로 믿습니다.

성자 하나님의 신비로운 출생

성자 하나님은 영원 전부터 존재하셨습니다(요 1:1). 그러나 하나님의 때에 사람의 몸을 입고 이 세상에 오셨습니다(갈 4:4). 이를 위해 성령으로 잉태되셨고, 동정녀 마리아에게서 나셨습니다. 사도신경은 성자 하나님의 이름과 직분을 다룬 이후에 그분의 생애를 다루는데, 먼저 신비로운 출생에 대해 나룹니다. 이전 번역은 '성령으로 잉태하사, 동정녀 마리아에게 나시고'라고 되어 있었는데, 문법적으로 전혀 맞지 않습니다. 성령으로 잉태되셨고, 동정녀 마리아에게서 나셨습니다.

이러한 출생은 그 자체로 신비롭습니다. 신비로운 출생이요, 성자 하나님의 출생이기에 '탄생'이라고 합니다. 줄여서 성탄(聖誕)이라고도 하죠. 이 세상의 모든 사람은 남자의 정자와 여자의 난자가 만나서 출생하는데, 성자 하나님은 성령으로 잉태되셔서, 처녀를 통해 태어나셨습니다. 불가능한 일이지만, 하나님께는 능치 못한 일이 없습니다(눅 1:37).

성령으로 잉태되신 성자 하나님은 동정녀의 몸에서 일반적인 사람과 동일한 과정을 거쳐 인성을 입으셨습니다. 성자 하나님께서 이 세상에 태어나셨을 때에 갖고 계시던 살과 피는 마리아의 태(胎)로부터 취하신 것입니다(하이델베르크 요리문답 32문답). 사람의 모든 본질적인 속성과 사람에게 있는 공통적인 연약함을 마리아의 몸에서 취하셨습니다(웨스트민스터 신앙고백서 8장 2절).

신비로운 잉태와 출생이지만, 모든 사람과 마찬가지로 여자의 몸에서 280일간 계시면서 피와 살을 취하셨고, 분만과 출산의 과정을 통해 태어나셨습니다. 성령으로 잉태되심과 동정녀를 통한 출생은 초자연적인 방식이었지만, 출생의 방식은 자연적이었습니다. 초자연적인 일이 자연적인 일과 조화를 이뤘습니다. 성장에 있어서도 사람의 정상적인 과정을 경험하셨습니다. 몸이 자랐고 지혜가 자랐습니다(눅 2:40, 52). 이를 통해 범사에 우리와 같이 되셨습니다(히 2:17).

성자 하나님께서 성령으로 잉태되신 일은 그분이 사람으로 나심에도 불구하고 죄 없이 태어나시는 일에 기여했습니다. 마리아에게서 나신 일은 하나님이신 성자께서 사람의 피와 살을 취하시는 일에 기여했습니다. 혹자는 처녀에게서 나셨기에 죄가 없으시다고 주장하는데, 그렇지 않습니다. 처녀라고 해서 죄인이 아닌 것은 아닙니다.

성자 하나님의 이러한 출생에 대한 고백은 성경의 가르침에 근거하니 '보라 처녀가 잉태하여 아들을 낳을 것이요'(사 7:14)라고 했고, '다윗의 자손 요셉아 네 아내 마리아 데려오기를 무서워하지 말라 그에게 잉태된 자는 성령으로

된 것이라'(마 1:20)라고 했습니다. 이외에도 성경에는 성령으로 잉태되셔서 마리아에게서 나신 사실을 여러 번 언급합니다.

성자 하나님의 이 탄생은 참 하나님이신 분께서 참 사람이 되시는 일과 관련됩니다. 성자 하나님은 하나의 위격(person)에 두 개의 구별되는 본성(natures)을 갖고 계십니다. 그리하여 하나님과 사람 사이의 유일한 중보자가 되십니다.

천주교도 사도신경을 고백합니다. 그래서 어떤 분들은 천주교도 우리와 비슷하다고 말합니다. 천주교와도 연합해야 한다고 말합니다. 그러나 천주교는 이 부분을 전혀 다르게 이해합니다. 천주교의 사도신경에 보면 '성령으로 인하여 동정 마리아께 잉태되어 나시고'라고 되어 있어서 마리아를 통한 탄생에 더 비중을 두고 있고, '동정 마리아께 잉태되어'라는 부분에 밑줄이 그어져 있어서, 이 부분을 암송할 때는 고개를 숙이라고 되어 있습니다. 마리아에 대한 그들의 존경심이 담겨 있습니다. 천주교는 동정녀 마리아를 통한 출생에 지나친 의미를 부여합니다. 성자 하나님의 출생에 마리아가 결정적인 역할을 한 것으로 그 공로를 돌립니다. 마리아를 그리스도가 세상에 오신 일에 협력자로 여깁니다. 그래서 마리아를 '하느님의 어머니'라고 해서 '성모'(聖母)라고 부르며, 마리아의 '무죄 잉태설'(Conception without Original Sin), '평생 무죄설'(No any personal sin), '평생 처녀설'(Perpetual Virginity) 등을 주장합니다. 이렇게 마리아를 강조하다 보니, '동정 마리아께 잉태되어'를 강조하는 것입니다.

그러므로 천주교가 아무리 외형상 동일한 사도신경을 고백하더라도, 그 실제는 전혀 다릅니다. 이에 그들과 우리는 같은 신앙이라 보기 어렵습니다. 앞서, 사도신경은 천주교가 만들었다는 오해가 있다고 했는데, 이런 오해는 천주교의 잘못된 해석 때문에 생긴 오해로 보입니다.

본디오 빌라도에게인가?
본디오 빌라도 치하에서인가?

사도신경의 옛 번역과 새 번역은 '본디오 빌라도에게 고난을 받아(받으사)'라고 해서 성자 하나님께 고난을 가한 유일한 주체가 본디오 빌라도인 것으로 오해하게 되어 있습니다. 그러나 성경을 보면 빌라도는 고난을 가한 유일하고 중요한 주체는 아니었습니다. 성경을 자세히 살펴보면 본디오 빌라도에게 책임이 전혀 없는 것은 아니지만, 그에게 모든 책임을 전가시켜야 할 만큼 잘못이 있다고 보기는 어렵습니다.

성자 하나님께서 빌라도의 법정에서 재판을 받으시는 장면을 기록하고 있는 누가복음 23장 4절과 14절에는 '빌라도가……이 사람에게 죄가 없도다……'라는 말씀이 반복되며, 23장 22절에서도 '빌라도가 세 번째 말하되 이 사람이 무슨 악한 일을 하였느냐 나는 그에게서 죽일 죄를 찾지 못하였나니 때려서 놓으리라'라고 기록되어 있습니다. 이렇게 빌라도는 무려 세 번이나 예수님에게 죄가 없다고 말했습니다. 동일한 내용을 기록하고 있는 요한복음 19장 12절의 경우, 심지어 예수님을 놓아주려고 힘썼습니다. 마태복음 27장 11-26절에도 동일한 내용이 기록되어 있고, 그중에서도 마태복음 27장 24-25절에서는 '빌라도가 아무 성과도 없이 도리어 민란이 나려는 것을 보고 물을 가져다가 무리 앞에서 손을 씻으며 이르되 이 사람의 피에 대하여 나는 무죄하니 너희가 당하라 백성이 다 대답하여 이르되 그 피를 우리와 우리 자손에게 돌릴지어다 하거늘'이라고 기록하고 있습니다.

이렇게 볼 때 성자 하나님께서 본디오 빌라도로부터 고난 당하신 것은 맞지만, 그에게 전적인 책임이 있다고 보기는 어렵습니다. 예수님을 고난으로 몰고 간 전적인 책임을 전가하기에는 빌라도가 예수님의 무죄함을 너무나 많이 말했습니다. 그러므로 빌라도는 전적인 책임을 가진 사람은 아닙니다. 군중의 요구에 어쩔 수 없이 반응했을 뿐입니다. 오히려 주도적인 역할을 한 이들은 군중이었습니다(요 19:7, 15).

그렇다면 '본디오 빌라도에게 고난을 받으셨다'라는 번역은 무엇입니까? 잘못된 번역(誤譯)입니다. 사도신경의 라틴어 원문은 *passus sub Pontio Pilato*라고 되어 있습니다. 사도신경의 영어 번역은 suffered under Pontius Pilate라고 되어 있습니다. sub(라틴어)와 under(영어)는 '~에게'라고 번역될 수도 있지만 '~ 아래에서' 혹은 '~의 치하(治下)에서'라고 번역할 수 있습니다. 그래서 제대로 번역하면, '본디오 빌라도(의) 치하에서 고난을 받으셨고'라고 해야 합니다.

이 문제는 여러 사람이 지적하는 바입니다.* 특히 2011

---

* 고려신학대학원의 유해무 교수, 고려신학대학원에서 가르친 바 있는 네덜란드인 고재수 교수(Nicolaas H. Gootjes), 합동신학대학원의 이승구 교수 등이 번역의 문제점을 제기한다. 유해무, 『개혁교의학』, 94, 293; 고재수,

년에 개정한 고신 헌법에는 부록이 있고, 거기에 사도신경이 실려 있는데, 유해무 교수의 번역을 따라 '본디오 빌라도 치하에서 고난당하시고'라고 번역하였습니다. 앞서 필자는 천주교의 문제점을 지적했는데, 이 부분에서는 천주교에게서 배울 필요가 있습니다. 한국천주교회는 '본디오 빌라도 통치 아래서 고난을 받으시고'라고 번역했습니다.

이 번역 문제는 결코 가볍게 넘길 문제가 아닙니다. 왜냐하면 신천지와 관련이 있기 때문입니다. 길거리를 돌아다니다 보면 사도신경과 관련한 신천지의 홍보자료를 종종 볼 수 있습니다. 그들은 한국교회가 사도신경을 통해 잘못된 교리를 믿는다고 말합니다. 신천지예수교 증거장막성전 측은 "사도신경에 나오는 '본디오 빌라도에게 고난을 받으사'는 잘못된 오류이며 예수님은 빌라도가 아닌 서기관과 바리새인들을 포함한 백성들에 의해 고난을 받고 돌아가신 것입니다"라고 하면서 사도신경은 잘못되었으며 사도신경을 고백하는 한국개신교회가 성경적이지 않다고 주장합니다. 한

『교의학의 이론과 실제』(천안: 고려신학대학원 출판부, 2001²), 406; 이승구, 『사도신경』, 139, 370.

국교회를 공격하는 빌미로 이 부분을 문제 삼고 있습니다. 그런 점에서 결코 가볍게 대할 일만은 아닙니다.

고난, 성자 하나님의 대표적 삶

사도신경은 성자 하나님의 생애를 다루면서 출생 이후 바로 고난으로 들어갑니다. 성자 하나님께서 하신 일이 많았습니다. 사람으로 오신 성자 하나님은 30년간의 사생애와 3년간의 공생애를 보내셨습니다. 곧 세례를 받으심으로 시작된 3년간의 공생애 중에는 사탄의 유혹을 받으셨고, 물을 포도주로 변화시키신 것을 비롯해 수많은 기적을 행하셨으며, 예루살렘 성전을 청결케 하셨고, 가르치시고, 귀신을 쫓으셨고, 베드로의 장모를 비롯해 나병환자, 중풍병자 등 많은 사람을 고치셨고, 죽은 나사로를 살리셨고, 하나님 나라를 전파하셨고, 바리새인과 논쟁을 벌이셨습니다.

이러한 내용들은 다 생략하고 대신 '고난'을 바로 말합니다. 왜 그럴까요? 성자 하나님께서 이 세상에서 하신 일을 다 말하기에는 너무 분량이 많고, 그 모든 것을 요약적으로 표현할 수 있는 말이 바로 '고난'이기 때문입니다.

하나님이신 성자께서 사람으로서 이 세상에서 행하신 많

은 일들은 자신을 낮추신 일이었으니, 성자 하나님은 생애의 시작부터가 고난이었습니다. 그분의 삶 가운데 고난이 아닌 부분이 하나도 없었습니다.

하늘에 계셔야 할 분께서 이 세상에 오셔서 종의 형체를 가지사 사람과 같이 되셨으니(빌 2:7) 무한하고 크신 그리스도께서 유한하고 작은 인간의 몸을 입고 사시는 것 자체가 고난이었고, 구유에 누이신 그 순간부터 이미 고난당하셨습니다. 태어난 직후에도 고난을 받으셨으니, 분봉왕 헤롯이 두 살 이하의 아이를 모두 죽이라고 명령하여 죽음의 위협을 피해 육체적 부모의 품에 안겨서 멀리 애굽으로 도망을 가셔야 했습니다(마 2:13-16). 또한 공생애의 시작에서 사탄으로부터 고난(유혹)을 당하셨습니다(마 4:1). 나아가 거룩하신 하나님께서 이 세상의 더럽고 추한 모습을 보시는 것, 죄악 되고 오염된 환경 속에서 날마다 죄인들과 교제하는 것 자체가 그분에게는 고난이었습니다. 그분의 생애 전체가 고난이었습니다(하이델베르크 요리문답 37문답).

무엇보다도 예수님은 십자가의 고통을 통해, 사람이 당할 수 있는 고통의 극한을 경험하셨습니다.

군병들이 예수님의 옷을 벗겼습니다. 가시관을 엮어 머

리에 씌웠습니다. 그 앞에서 무릎을 꿇고 희롱했습니다. 예수님을 향해 침을 뱉고 갈대로 그 머리를 때렸습니다. 골고다에 이르러 쓸개 탄 포도주를 마시게 하였습니다. 십자가 위에 예수님을 눕힌 뒤 손과 발에 대못을 박았습니다. 제비 뽑아 옷을 나눴습니다. 예수님은 실오라기 하나 걸치지 않은 채 벌거벗은 몸으로 십자가 위에 달려 계셔야 했습니다.

팔레스타인의 살인적인 더위는 십자가 위의 예수님을 더욱 고통스럽게 만들었습니다. 그 뜨거운 태양의 열기와는 완전히 대조되는 밤의 추위, 그로 인한 일교차는 그분의 고통을 가중시켰습니다. 시간이 흐를수록 양손에 박혀 있는 못이 점점 예수님의 몸무게만큼 중력의 영향으로 아래로 아래로 손이 찢어지면서 내려갑니다. 예수님께서 너무 힘이 드셨던지 "내가 목마르다"라고 말씀하십니다(요 19:28). 그러시고는 운명하셨습니다.

이렇게 죽으셨지만 잔인한 로마 군인들은 예수님이 죽으신 사실을 확인하고도 창으로 옆구리를 찔렀으니, 그 찌른 곳에서 피와 물이 나왔습니다. 이렇게 예수님은 전생애 가운데 고난이 계속되셨습니다.

예수님의 고난을 육체적인 것으로만 생각하는 경우가 있

는데 그렇지 않습니다. 예수님의 고난은 인간성 전체, 즉 그분의 몸과 영혼 모두가 당한 것이었습니다(하이델베르크 요리문답 3/문답).

성자 하나님은 왜 고난을 받으셔야 했습니까? 고난을 받지 않고 바로 죽임당하시면 안 되었을까요?

첫째, 우리가 당해야 할 고난을 대신 당하신 것입니다(사 53:4-5). 둘째, 우리가 당해야 할 모든 고난을 체험하신 것입니다(히 4:15). 셋째, 고난당하는 우리들을 능히 도우시기 위해서입니다(히 2:18). 넷째, 우리의 고난을 구원하시기 위해서입니다. 다섯째, 우리로 하여금 본받게 하시기 위해서입니다.

사도신경을 통해 우리가 성자 하나님께서 고난받으셨음을 고백한다면, 이 고백에 참여하는 자들 모두도 이 세상에서 고난에 참여하는 자라야 함을 기억해야 합니다. 그렇다고 십자가를 짊어지고 거리 행진을 한다든지 하는 식의 퍼포먼스를 하라는 말이 아닙니다. 우리는 우리의 삶 전체에서 그리스도의 고난이 담긴 의미를 바르게 이해하고, 그리스도를 온전히 믿으며, 그분의 삶을 본받기 위해 애써야 할 것입니다.

십자가에 못 박혀 죽으신 성자 하나님

생애의 대부분을 고난 가운데 사셨던 주님. 성자 하나님의 생애 가운데 계속된 고난은 십자가 위에서 극치에 이릅니다. 성육신에서부터 시작된 고난은 십자가에서 완전하게 나타났습니다.

'십자가'는 성자 하나님께서 달리시기 전에는 단지 로마 시대에 사용되던 극악한 사형집행 도구에 불과했습니다. 그러나 성자 하나님께서 달리신 이후부터 그 의미가 달라집니다. 십자가는 복음의 핵심이 됩니다(고전 1:23; 2:2; 갈 6:14). 그 이유는 성자 하나님께서 십자가에 못 박혀 죽으심을 통해 자기 백성을 구원하셨고, 성자 하나님께서 십자가에 못 박혀 죽으심으로 성부 하나님의 진노와 사랑이 동시에 나타나기 때문입니다.

성자께서 우리를 위해 대속의 죽음을 감당하실 때, 다른 방법도 가능하지 않았을까요? 왜 꼭 십자가에 달리셔야만 했을까요? 이를 이해하기 위해서는 십자가의 재료가 무엇인지를 생각해 보아야 합니다. 십자가는 '나무'입니다.

베드로전서 2장 24절 말씀입니다. '친히 나무에 달려 그 몸으로 우리 죄를 담당하셨으니 이는 우리로 죄에 대하여 죽고 의에 대하여 살게 하려 하심이라 그가 채찍에 맞음으로 너희는 나음을 얻었나니'라는 말씀에 의하면 성자 하나님은 나무에 달리셨습니다. 신명기 21장 23절 말씀도 봅시다. '그 시체를 나무 위에 밤새도록 두지 말고 그 날에 장사하여 네 하나님 여호와께서 네게 기업으로 주시는 땅을 더럽히지 말라 나무에 달린 자는 하나님께 저주를 받았음이니라'라는 말씀에 의하면 나무는 '저주'를 상징합니다. 그렇기에 성자 하나님께서 십자가에 달리셨다는 것은 나무에 달리셨다는 것이요, 나아가 저주를 받으셨다는 뜻입니다. 그래서 갈라디아서 3장 13절에서는 '그리스도께서 우리를 위하여 저주를 받은 바 되사 율법의 저주에서 우리를 속량하셨으니 기록된 바 나무에 달린 자마다 저주 아래에 있는 자라 하였음이라'라고 말씀합니다.

성자 하나님께서는 나무에 달려 죽으심으로 성부 하나님의 저주와 진노를 우리 대신 받으셨습니다. 성자 하나님께서 십자가에서 죽지 않으셨다면 우리가 죽어야 합니다. 우리가 저주와 진노를 받아야 합니다. 그런데 성자 하나님께서 모든 저주와 진노를 감당하셨으니 이것은 곧 그분의 사랑입니다.

사형 집행 도구, 저주의 상징이던 십자가는 기독교 복음의 핵심이 되었습니다. 십자가는 하나님의 은혜와 의, 사랑과 거룩, 하나님의 신실성과 진노가 동시에 나타나는 비밀이 되었습니다. 이러한 핵심적인 사역이기에 사도신경은 그냥 간단하게 '……고난을 받으셨고, 죽으셨고'라고 하지 않고, '……고난을 받으셨고, 십자가에 못 박히셨고, 죽으셨고'라고 고백합니다.

그런데 성자 하나님과 함께 우리도 십자가에 못 박혔습니다. 다음 말씀들이 이것을 증언합니다. '우리가 알거니와 우리의 옛 사람이 예수와 함께 십자가에 못 박힌 것은 죄의 몸이 죽어 다시는 우리가 죄에게 종노릇 하지 아니하려 함이니'(롬 6:6)

'내가 그리스도와 함께 십자가에 못 박혔나니 그런즉 이제는 내가 사는 것이 아니요 오직 내 안에 그리스도께서 사시는 것이라 이제 내가 육체 가운데 사는 것은 나를 사랑하사 나를 위하여 자기 자신을 버리신 하나님의 아들을 믿는 믿음 안에서 사는 것이라'(갈 2:20) '그리스도 예수의 사람들은 육체와 함께 그 정욕과 탐심을 십자가에 못 박았느니라' 우리가 실제로 십자가에 못 박힌 것은 아닙니다. 우리는 성자 하나님이 대신 달리신 십자가에 못 박힐 필요가 없습니다. 그러나 의미상 성자 하나님과 함께 십자가에 못 박혔습니다. 우리의 옛 사람, 정욕과 탐심이 십자가에 못 바혔습니다. 이 일은 우리가 하나님의 독생하신 아드님, 우리 주님 예수 그리스도를 믿을 때에 일어났습니다. 그리고 계속해서 이루어집니다. 이 사실을 기억하고 우리는 날마다 우리의 옛 사람, 정욕, 탐심을 십자가에 못 박아야 합니다.

그분은 분명 죽으셨다

십자가에 못 박히셨던 성자 하나님은 결국 죽으셨습니다. 왜 죽으셔야 했습니까? 죽지 않고 우리를 구원하실 수는 없었을까요? 성자 하나님께서 죽으신 것은 우리의 죄에 대한 하나님의 공의를 만족시키기 위해서입니다(고전 15:3; 벧전 3:18). 하나님의 공의라는 기준에서 우리의 죄는 죽음에 이르게 합니다. 죄의 삯은 사망이라는 말처럼 말입니다(롬 6:23). 우리가 죽어야만 하나님의 공의를 만족시킬 수 있습니다. 그렇지 않고는 하나님의 저주와 진노를 면할 수 없습니다.

그래서 성자 하나님께서 우리를 대신하여 죽으셨으니 이

를 '대속(代贖)의 죽음'이라고 합니다. 이에 대해 도르트 신조 둘째 교리 제2조가 잘 설명하고 있습니다. '우리는 스스로 그 만족을 이룰 수 없으며 우리 자신을 하나님의 진노에서 건져낼 수도 없다. 그래서 하나님께서는 당신의 무한하신 자비로 당신의 독생하신 아들을 우리의 보증으로 주셔서 우리를 위하여 그리고 우리를 대신하여 죄가 되시고, 저주를 받으셔서, 우리를 대신하여 하나님의 공의를 만족하게 하시기를 기뻐하셨다.'

성자 하나님은 자신의 죽음을 통해 우리들의 죗값을 다 지불하셨습니다(마 20:28; 딤전 2:6; 딛 2:14). 성자 하나님은 자신의 죽음을 통해 우리의 죄에 대한 하나님의 진노를 가라앉히셨습니다(요일 2:2; 4:10). 성자 하나님은 자신의 죽음을 통해 우리와 하나님과의 원수 관계를 친구의 관계로 회복시키심으로 화목케 하셨습니다(롬 5:8-11; 고후 5:18-21). 성자 하나님은 자신이 죽으심으로 죽음의 권세를 이기셨습니다. 성자 하나님의 죽으심은 죽음을 죽이는 죽음이었습니다(death of death in the death of christ).[*] 죽으실 수 없는 분이

---

[*] 이 표현은 청교도 목사 존 오웬(John Owen)의 유명한 책 제목이다.

자신의 죽음이 아니라 우리의 죽음을 죽으심으로 죽음을 이 기셨습니다. 자신의 죽으심으로 죽음을 이기고 우리를 살리셨습니다.

흔히 성자 하나님의 죽으심을 언급한 뒤에 이어서 말하는 것은 다시 살아나신 것(부활)입니다. 그런데 사도신경은 죽으심과 다시 살아나신 것 사이에 '장사되셨음'을 언급합니다. 왜 그럴까요? 죽으셨다는 말만 하면 충분하지 않을까요? 굳이 장사되신 사실까지 말해야 했을까요?

그 이유는 성자 하나님의 죽으심을 다양한 방식으로 왜곡하는 사람들이 있기 때문입니다. '장사'(葬事)란 죽은 사람에 대해 행하는 것으로, 완전한 죽음에 대한 공식적인 확인입니다. 성자 하나님의 죽으심은 무덤에 들어가실 정도로 확실한 것이었습니다. 이렇게 "장사되셨고"가 나오는 이유는 성자 하나님의 죽으심이 완전한 죽으심이었음을 나타내기 위함입니다.

성자 하나님께서 장사되신 것처럼 우리도 장사되었습니다. 로마서 6장 4절 말씀이 이를 증언합니다. '그러므로 우리가 그의 죽으심과 합하여 세례를 받음으로 그와 함께 장사되었나니 이는 아버지의 영광으로 말미암아 그리스도를 죽은 자 가운데서 살리심과 같이 우리로 또한 새 생명 가운데서 행하게 하려 함이라.' 우리가 그리스도와 함께 죽은 것이 분명하듯 우리가 그리스도와 함께 장사되었습니다.

성자 하나님께서 장사되신 것처럼 우리도 장사될 것입니다. 죽음은 인간이라면 누구에게나 찾아올 것이며 우리에게도 마찬가지입니다. 그런데 신자에게 죽음은 더 이상 두려움과 공포의 대상이 아닙니다(고전 15:55). 왜냐하면 이제 죽음은 더 이상 형벌과 저주의 죽음이 아니기 때문입니다. 신자의 죽음은 성화(sanctification)의 마지막이요, 영화(glorification)의 시작입니다(히 12:23). 신자에게 죽음은 하늘에 이르는 문입니다. 이는 성자 하나님께서 무덤에 장사되심으로 가능하게 되었습니다. 성자 하나님의 장사되심이 무덤의 공포를 제거했습니다.

음부에 내려가셨다고?

원문에 있었던 '음부에 내려가셨으며'

새롭게 번역된 사도신경을 자세히 보면 '장사된 지'라는 부분 바로 뒤에 작은 글씨로 숫자가 표시되어 있습니다. '난외주'라고 하는데, 그 숫자를 따라가 보면 '장사되시어 지옥에 내려가신 지'가 '공인된 원문(Forma Recepta)에는 있으나, 대다수의 본문에는 없다' 라는 말이 나옵니다.

사도신경과 같은 고대 문서들은 사본들로 이뤄져 있습니다. 어떤 사본이 진짜인지가 중요한데, 다수의 사본에 있다고 옳은 게 아니라 공인된 원문에 있는 것을 본문으로 삼는 게 좋습니다. 사도신경 영어 번역에도 'descended to hell'이라는 문구가 있습니다. 현재 사용하는 사도신경 한글 번역은 아쉽게도 공인된 원문보다는 대다수 본문을 따랐습니다.

1894년 언더우드 선교사가 번역한 사도신경에는 이 부분이 있었습니다. 1905년 장로교 선교사 협의회에서 번역한 사도신경에도 있었습니다. 반면 1897, 1902, 1905년에 각각 번역된 감리교의 사도신경에는 없었습니다. 감리교의 창시자인 존 웨슬리(John Wesley, 1703~1791년)가 1784년에 감리교 신조를 작성하면서 그리스도의 음부 강하를 생략했기 때문입니다.

한글 찬송가 사도신경에서 '음부강하'가 빠진 이유

그러다가 조선예수교장로회의 사도신경에서 '음부에 내려가셨으며'가 빠진 이유는 1908년 장로교와 감리교가 '합동 찬송가'를 발행하면서 장로교가 '양보'(?) 했기 때문입니다. 장로교와 감리교가 같은 찬송가를 사용하려면 찬송가 앞뒤에 실린 주기도문, 사도신경, 십계명의 번역도 같아야 합니다. 그런데 주기도문과 십계명은 성경본문에 근거한 것이니 이견(異見)이 없었지만 사도신경의 경우 두 교파 간에 입장 차가 있었습니다. 이에 따라 장로교가 '양보'(?) 했습니다. 이것이 계기가 되어 지금까지도 한글 사도신경에 '음부에 내려가셨으며'라는 말이 빠져 있습니다. 다행히도 (?) 21세기에 새롭게 번역된 사도신경은 난외주에나마 그 사실을 언급해 두었습니다.

잘못된 견해

사도신경이 고백하는 '음부에 내려가셨으며'는 무슨 뜻

일까요? 바른 뜻을 이해하기 위해서는 잘못된 견해를 먼저 살펴보는 것이 도움이 됩니다.

로마가톨릭의 견해

로마가톨릭의 한 지역교회인 한국천주교회는 이 부분을 '저승에 가시어'라고 번역했습니다. 한국천주교회는 자신들의 비성경적 교리인 림보(고성소(古聖所), limbo) 교리와 이 부분을 연관시킵니다. 그들은 성경에서 전혀 언급한 적 없는 림보의 존재를 믿습니다. 림보는 두 장소가 있는데, 선조 림보(Limbus Patrum)와 유아 림보(Limbus Infantum)입니다. 선조 림보는 구약시대의 신자들이 죽어서 그 영혼이 '구원계시의 완성'을 기다리는 장소입니다. 구약시대의 사람들 역시 믿음이 완전하지 않았다고 보고 그들이 죽음 직후에 곧바로 천국(하늘)에 가지 못하고 그 대신 '림보'로 갔다고 봅니다. 그들은 '저승에 가시어'라는 고백을 선조 림보와 연관시킵니다. 성자 하나님께서 죽으신 후에 선조 림보에 가셨고, 십자가에서 이루신 구속의 공로로 구약의 성도들을 풀어 해방하셔서 그들을 데리고 '하늘'(heaven)로 가셨다고 해석합니다.

하지만 로마가톨릭의 견해는 잘못되었습니다. 왜냐하

면 성경은 '선조 림보'라는 장소에 대한 어떠한 암시도 주지 않으며, 오히려 구약시대에 죽은 성도들은 하나님과 함께 있다고 가르치고 있기 때문입니다(민 23:10; 시 16:10-11; 73:24-25).

제2기회설(Second Probation)의 견해

이 견해는 로마가톨릭의 견해에 반대하면서 몇몇 개신교 교파가 주장하는 견해입니다. 성자 하나님께서 죽으신 뒤 부활하실 때까지 지옥에 내려가셔서 지옥에 있는 영혼들에게 복음을 선포하시고 그들에게 두 번째 기회를 주셨다는 견해입니다. 앞서 살펴본 로마가톨릭의 견해와 비슷하지만 차이가 있습니다. 로마가톨릭의 견해는 지옥이 아닌 '림보'라는 중간 정도의 장소에 가신 것으로 보고, 모든 영혼이 아니라 구약시대에 죽었던 영혼만을 본다는 점입니다. 반면, 제2기회설은 성자 하나님께서 지옥에 가셔서, 성자 하나님께서 죽으시기 이전에 죽었던 모든 지옥의 영혼들에게 두 번째 기회를 주셨다고 합니다. 바로 이 점에서 다릅니다.

하지만 제2기회설은 잘못되었습니다. 성경 어디에서도 이런 가능성을 언급하지 않습니다. 복음은 죽은 자가 아닌 오직 살아있는 자에게만 전파됩니다. 사람이 죽은 뒤에는 복음을 들을 수 있는 기회가 다시는 주어지지 않습니다. 죽은 뒤에는 신판이 있을 뿐입니다.

루터파의 견해

루터파는 '음부에 내려가셨으며'를 성자 하나님께서 죽으신 뒤, 부활하시기 전에 '죽음의 세계'에 내려가셨다고 봅니다. 그러면서 죽음의 세계(음부)에 가셔서 하신 일이 구약의 성도들을 하늘로 데려가신다거나 혹은 그들에게 복음을 전하셔서 회개할 또 다른 기회를 주셨다고 보기보다는, 그곳에 있는 사탄과 흑암의 세력들에게 자신의 승리를 선포하셨다고 봅니다.

하지만 루터파의 견해는 잘못되었습니다. 성자 하나님께서 부활 전에 이미 살아나셨다는 그들의 생각은 비성경적입니다.

잘못된 견해들이 나온 이유

위의 세 가지 잘못된 견해들의 공통점은 성자 하나님께서 지옥이나 그에 준하는 장소로 가셨다고 보는 것입니다.

그러나 성자 하나님께서 직접 지옥에 내려가셨다는 것에는 성경적 근거가 전혀 없습니다. 그럼에도 불구하고 이러한 오해를 하는 이유는 크게 2가지 때문입니다.

첫째, 음부(陰府)로 번역된 말의 다양한 의미 때문입니다. 음부는 히브리어로는 '스올'이고, 헬라어로는 '하데스'인데, 한글성경의 경우 구약에서는 거의 대부분 '음부'로 번역되었고 일부만 '무덤'으로 번역되었으며, 신약에서는 모두 '음부'로 번역되었지만, 다양한 뜻으로 번역될 수 있습니다. 음부라고 번역된 말의 진정한 의미를 밝히는 것은 매우 까다로운 일인데 일반적으로 헬라어로 '하데스'는 '죽은 자들의 영역'을 지칭하거나(행 2:27, 31; 참조 시 16:10) 중간 상태 중에 있는 고통의 장소인 지옥을 가리킵니다(눅 16:19-31). 히브리어로 '스올'은 주로 '죽음의 상태'를 나타내는 말로 사용되며(창 37:35; 42:38; 삼상 2:6; 왕상 2:6), 간혹 '무덤'을 뜻하는 말로 사용됩니다(시 141:7). 상징적으로는 '지옥의 고통'을 의미하기도 합니다(하이델베르크 요리문답 제44문답의 근거구절인 시 18:5와 시 116:3). 정리하면, 성경에서 음부는 네 가지 서로 다른 뜻으로 사용됩니다. 1) 죽음의 상태, 2) 무덤, 3) 지옥 4) 지옥의 고통 등입니다. 이에 따라 사도신경의 음부를 로마

제2장 사도신경, 하나하나 톺아보기

가톨릭은 지옥으로, 루터파는 죽음의 세계로, 개혁파는 지옥의 고통으로 이해하고, 그에 따라 다양한 해석을 하게 되었습니다.

둘째, 베드로전서 3장 18-22절에 대한 오해 때문입니다. '(18)그리스도께서도 단번에 죄를 위하여 죽으사 의인으로서 불의한 자를 대신하셨으니 이는 우리를 하나님 앞으로 인도하려 하심이라 육체로는 죽임을 당하시고 영으로는 살리심을 받으셨으니 (19)그가 또한 영으로 가서 옥에 있는 영들에게 선포하시니라 (20)그들은 전에 노아의 날 방주를 준비할 동안 하나님이 오래 참고 기다리실 때에 복종하지 아니하던 자들이라 방주에서 물로 말미암아 구원을 얻은 자가 몇 명뿐이니 겨우 여덟 명이라 (21)물은 예수 그리스도께서 부활하심으로 말미암아 이제 너희를 구원하는 표니 곧 세례라 이는 육체의 더러운 것을 제하여 버림이 아니요 하나님을 향한 선한 양심의 간구니라 (22)그는 하늘에 오르사 하나님 우편에 계시니 천사들과 권세들과 능력들이 그에게 복종하느니라'에 대한 잘못된 해석 때문입니다. 이 구절이 성자 하나님께서 지옥에 가셨다고 가르친다고 보는 것입니다. 하지만, 베드로전서 3장 18-22절 말씀은 그런

뜻이 아닙니다.

베드로전서 3장 18절의 '……육체로는 죽임을 당하시고 영으로는 살리심을 받으셨으니'는 성자 하나님께서 죽으신 뒤에 육체는 죽으셨고 영혼은 살아나셨다는 뜻으로 오해하기 쉽고, 19절의 '그가 또한 영으로 가서 옥에 있는 영들에게 선포하시니라'는 성자 하나님께서 죽으신 뒤에 그의 영혼이 지옥에 가서 지옥에 있는 영혼들에게 선포하셨다는 것으로 오해하기 쉽습니다.

그러나 이 구절은 사도신경에서 말하는 '음부에 내려가셨으며'와는 전혀 상관없습니다. 베드로전서 3장은 성자 하나님의 죽으심과 다시 살아나신 것 사이에 어떤 일이 있었는지를 보여주는 본문이 아닙니다.

그렇다면 베드로전서 3장 18-22절 말씀은 무슨 뜻일까요? 18절 하반부의 '……육체로는 죽임을 당하시고 영으로는 살리심을 받으셨으니'는 성자 하나님께서 죽으신 뒤에 육체는 죽으셨고 영혼은 살아나셨다는 뜻으로 오해하는 경우가 많은데, 성자 하나님의 육체와 영혼을 비교하는 내용이 아닙니다. 성자 하나님의 죽음이 자연적이고 물리적인 영역에서 발생했으나, 그의 부활은 영의 영역 안에서 일어났다는 것을 대조하는 것입니다. 다시 말해 성자 하나님의 부활이 성령에 의해 일어난 영적인 사건이라는 의미입니다 (cf. 롬 1:3-4; 6:10). 그리고 19절의 '그가 또한 영으로 가서 옥에 있는 영들에게 선포하시니라'는 성자 하나님께서 죽으신 뒤에 그의 영혼이 지옥에 가서서 영들에게 선포하신 것처럼 오해될 수 있지만, 이 본문은 뒤에 나오는 베드로전서 4장 6절 말씀과 관련해서 생각해야 합니다. 베드로전서 4장 6절을 보면 '…… 죽은 자들에게도 복음이 전파되었으니 ……'라는 표현이 나오는데 이 말은 '지금 현재'(본문이 말하는 시점) 죽은 자들에게도 이전에 그들의 살아생전에 복음이 전파되었다는 뜻입니다. 성자 하나님께서 십자가에서 죽으신 뒤에 그들에게 가서서 복음을 전한 것이 아니라, 성자 하나님께서 이 세상에 오시기 전에 이미 그들에게도 복음이 증거되었다는 것입니다. 이러한 관점에서 베드로전서 3장 19절에서 말하는 '옥에 있는 영들에게 선포된 시점'은 예수님께서 죽으신 뒤가 아닙니다. 그들이 죽기 전입니다. 이에 따라 베드로전서 3장 19절 말씀을 재구성하면 '영으로 지금 옥에 있는 영들에게 그때에 복음을 선포하셨다'입니다.

요컨대, 베드로전서 3장 18-22절 말씀은 성자 하나님께서 죽으시고 나서 지옥에 가셨다는 의미가 전혀 아닙니다. 게다가 베드로전서 3장 18-22절 말씀은 사도신경이 고백하는 '음부에 내려가셨으며'의 근거구절이 아닙니다.

그렇다면, 어떤 해석이 바람직할까요?

칼뱅(기독교강요, 2권, 16장, 8-12절)을 비롯한 개혁주의신학자들의 대다수는 이 부분을 비유적으로 봅니다. 지옥이라고 번역된 말은 한글성경에서는 '음부'(陰府)라고 번역되었는데 음부는 1) 죽음의 상태, 2) 무덤, 3) 지옥 4) 지옥의 고통 등 여러 가지 뜻으로 사용됩니다. 이 중에서 사도신경의 '음부'는 지옥의 고통(시 18:5)을 뜻합니다. 이에 따라 '음부'를 직접적인 장소로 보지 않고 '지옥의 고통'을 상징하는 것(시 18:5)으로 봅니다.

예수님은 지옥에 내려가신 것이 아니라 십자가의 죽으심을 통해 지옥의 고통과 같은 극심한 고난을 당하셨습니다. 예수님께서 얼마나 극심한 영혼의 고통을 당하셨는지 그가 지옥의 고통까지도 우리를 위해 당하셨습니다. 이에 대해서 개혁교회가 고백하는 하이델베르크 요리문답 제44문답이 아주 잘 설명하고 있습니다.

하이델베르크 요리문답

44문: "음부에 내려가셨으며"라는 말이 왜 덧붙여져 있습니까?

답: 내가 큰 고통과 중대한 시험을 당할 때에도 나의 주 예수 그리스도께서 나를 지옥의 두려움과 고통으로부터 구원하셨음을 확신하고 거기에서 풍성한 위로를 얻도록 하기 위함입니다. 그분은 그분의 모든 고난을 통하여 특히 십자가에서 말할 수 없는 두려움과 아픔과 공포와 지옥의 고통을 친히 당하심으로써 나의 구원을 이루셨습니다.

'음부에 내려가셨으며'에 대해서는 개혁신학자들 가운데서도 다양한 견해가 있습니다. 코케이우스(Johannes Cocceius), 베자(Theodor Beza)는 '장사되심'으로 이해하고, 부르만(Peter Burman), 에임스(William Ames), 퍼킨스(William Perkins) 등은 '죽음의 권세 아래 계셨던 것'으로 이해합니다. 그래서 웨스트민스터 대요리문답 제50문답은 '음부에 내려가신 것'을 장사되셔서 죽음의 권세 아래 계셨던 것으로 고백합니다. 그렇지만 웨스트민스터 대요리문답 제50문답의 가르침은 개혁주의신학자 다수의 견해와 크게 다르지 않습니다. 왜냐하면 성자 하나님께서 장사되셔서 죽음의 권세 아래 죽은 자의 상태에 계신 동안 그분이 경험한 것이 곧 '지옥의 고통'이기 때문입니다.

개혁신학자들 간에 세부적인 면에 있어서 다른 의견이 있음에도 불구하고 몇 가지 중요한 사실에 있어서는 공통적이었으니, 이 고백을 중요하게 여겼고, 음부를 실제적인 공간으로 보지 않았으며, 베드로전서 3장 18-22절 말씀을 이 고백에 대한 근거구절로 보지 않았고, 이 고백의 의미를 성자 하나님께서 당하신 고난으로 이해했습니다.

정리하면, '음부에 내려가셨으며'라는 고백은 우리가 당해야 할 하나님의 진노와 저주는 지옥의 고통과 같은데 그것을 친히 그리스도께서 담당하여 해결해 주셨음을 보여줍니다. 이 고백은 그리스도의 고난과 죽으심의 의미를 더 심화시키는 표현입니다(cf. 시 18:5). 또한 그리스도의 십자가 사건이 단순한 육체적 고통이기보다 영적 고통이라는 사실을 보여줍니다.

'음부에 내려가셨으며'라는 고백을 통해서 다시 확인하게 되는 것은 사도신경을 동일하게 고백해도 그 고백의 내용은 완전히 달라질 수 있다는 것입니다. 이 내용을 로마가톨릭, 루터파 등도 고백하지만 그들의 고백과 우리의 고백은 외형상 표현만 같을 뿐 그 의미는 완전히 다릅니다. 이런 점에서 외형이 같다고 해서 내면도 같다고 판단하지 않도록 유의해야 합니다. 그리고 어떤 부분을 고백한다고 할 때에 그 부분에 대한 정확한 의미를 알지 못하고 고백하는 것은 무의미하다는 것을 기억해야 합니다. '음부에 내려가셨으며'라는 고백을 입으로 하더라도 그 의미를 모른 채 하게 될 때, 그 고백은 잘못되거나 헛된 고백이 될 수밖에 없습니다.

부활, 승천하신 성자 하나님

십자가에 못 박히셨고, 죽으셨고, 장사되셨던 성자 하나님께서 더 이상 죽음에 머물러 계시지 않고 다시 살아나셨습니다. 다시 사셨음은 부활(復活, the Resurrection)이요, 기독교 신앙의 핵심입니다.

사도신경은 그냥 '다시 살아나셨고'라고 하지 않고, 앞에 '죽은 사람들 가운데서 다시 살아나셨고'라고 덧붙입니다. 그 이유는 성경에 나오는 수많은 표현 때문이요(마 17:9; 28:7; 요 20:9; 21:14; 행 3:15; 4:10; 10:41 등), 죽은 사람의 부활이 있음을 암시하기 위함입니다(고전 15:13, 15, 17). 성자 하나님은 죽은 자들 가운데서 다시 살아나심으로 모든 죽은 자들 가운데 먼저 나신 자(골 1:18; 계 1:5)가 되셨습니다. 부활의 첫 열매(고전 15:20, 23)가 되셨습니다. 성자 하나님의 부활이 죽은 사람들 가운데서의 부활이듯, 우리도 그럴 것입니다(행 17:31; 엡 2:5).

반면, 로마가톨릭은 '죽은 사람들 가운데서'라는 표현이 예수님께서 부활하시기 전에 죽은 자들의 거처에 머물러 계셨다는 사실을 전제조건으로 한다고 말합니다.* 이런 생각은 '음부에 내려가셨으며'에 대한 로마가톨릭의 이해를 반영합니다. 이렇게 같은 표현이라도 그 의미는 완전히 달라집니다.

기독교 신앙인에게 부활은 익숙합니다. 부활을 모르는 사람은 거의 없습니다. 그런데 그 뒤에 이어지는 부분에 대해서는 무관심한 게 대부분입니다. 바로 승천과 좌정입니다. 이 두 가지는 부활만큼이나 교회 역사에서 중요하게 여겨졌습니다. 일례로 사도신경을 탁월하게 해설하고 있는 하이델베르크 요리문답은 부활을 하나의 문답(제45문답)에

---

* 『가톨릭교회교리서』, §. 632.

93

제2장 사도신경, 하나하나 톺아보기

서 다루지만 승천을 무려 4개의 문답(제46~49문답)에서 다룹니다. 서구교회에서는 부활절만 아니라 승천절도 중요하게 기념합니다.

다시 살아나신 성자 하나님께서는 원래 계셨던 하늘로 올라가셨습니다. 우리 번역에는 '하늘에'라고 되어 있습니다만, '에'보다는 '로'가 방향을 나타내는 조사로서 더욱 분명한 의미를 드러내기 때문에 고치면 좋을 것 같습니다. '하늘로 오르셨고'라고 말입니다. 성자 하나님은 이 세상에 오시기 전에 계시던 장소인 '하늘'로 가셨습니다(요 3:13; 6:62). 어린 시절 부르던 찬양에 "예수님은 어디 계신가? 내 맘속에"라고 부른 것 때문에 오해가 있습니다. 예수님은 우리의 마음속이 아니라 하늘에 계십니다. 부활하신 뒤 하늘로 올라가셨습니다. 그분의 육체와 영혼이 하늘로 올라가셨습니다. 승천 이후 그분의 인성은 더 이상 우리와 함께 계시지 않습니다. 다만, 신성으로 함께하십니다. 성자 하나님의 인성은 하늘에 계시지만, 신성은 시공을 초월하실 수 있기 때문에 하늘에 계시면서도 또한 동시에 우리와 함께 계실 수 있습니다(하이델베르크 요리문답 47문답). 성자 하나님은 신성으로 우리와 함께하시고 우리를 다스리고 인도하십니다.

루터교회는 우리와 마찬가지로 '하늘로 오르셨고'라고 고백하지만, 그 의미를 다르게 이해합니다. 성자 하나님께서 하늘로 오르신 것이 장소를 이동하신 것이 아니라 상태가 변화되신 것으로 봅니다. 즉 그리스도의 인성이 성육신 당시에 전수받은 신적 속성을 완전히 향유하고 활용하심으로써 영원히 편재하시게 된 것으로 간주합니다. 그래서 성자 하나님의 신성이 모든 곳에 있듯이 인성도 모든 곳에 있다고 봅니다. 표현이 같아도 그 의미는 이렇게 다를 수 있습니다.

부활하신 예수님은 왜 승천하셨을까요? 여러 가지 이유가 있지만, 요한복음 16장 7절에서 '그러나 내가 너희에게 실상을 말하노니 내가 떠나가는 것이 너희에게 유익이라 내가 떠나가지 아니하면 보혜사가 너희에게로 오시지 아니할 것이요 가면 내가 그를 너희에게로 보내리니'라고 말씀하셨습니다. 성자 하나님은 하늘로 올라가신 이후 이 땅에서 우리와 함께 계신 것보다 더 풍성하게 우리와 함께하십니다. 성자 하나님께서 하늘로 올라가신 까닭은 우리를 이 땅에 홀로 남겨두려 함이 아니요, 오히려 우리에게 더 좋은 것, 즉 성령으로 채우시기 위함입니다.

좌정, 재림하신 성자 하나님

하늘로 오르신 성자 하나님은 그곳에서 하나님 오른쪽에 앉으셨습니다. 예수님의 죽으심, 부활, 승천은 사람이 보았지만, 하나님 아버지의 오른쪽에 앉으시는 것을 본 사람은 없습니다. 성자 하나님께서 하나님의 오른쪽에 앉으셨다고 기록한 사람들(마가, 바울, 히브리서 기자, 베드로)조차도 볼 수 없었습니다. 그럼에도 불구하고 우리는 이 사실을 믿고 고백합니다. 오직 성령 하나님의 감동으로 기록된 성경의 가르침에 기초한 고백입니다.

하나님의 오른쪽은 어디일까요? 성부 하나님은 영이시기에 사실상 왼쪽과 오른쪽은 존재하지 않습니다. 그러므로 '하나님 아버지의 오른쪽'은 비유적이고 신인동형론적 표현(神人同形論的 表現)입니다. '오른쪽'은 일반적으로 누군가를 우대할 때 사용됩니다(cf. 왕상 2:19; 시 45:9). 그렇기에 '성부의 오른쪽'이란 하나님과 함께 통치하는 권능의 자리, 영예의 자리, 영광의 자리를 의미합니다(시 118:16; 행 5:31). 성자 하나님께서 성부 하나님의 오른쪽에 앉으셨다는 것은 통치와 다스림의 관점에서 생각해야 됩니다.

사도신경에서 고백하는 성자 하나님의 생애에 관한 모든

것들은 과거 혹은 미래의 일인데, 좌정은 유일하게 현재의 상태를 보여줍니다. 성자 하나님은 이 세상에 다시 오실 때까지 계속 좌정해 계실 것입니다.

성자 하나님께서 성부 하나님의 오른쪽에 앉아 계시다는 것은 다음과 같은 의의를 갖습니다. 첫째, 완전한 제사장이신 그리스도, 우리의 속죄를 위한 모든 제사를 마치신 성자 하나님의 사역을 보여줍니다. 구약의 제사장들은 자기들의 사역이 완전히 끝나지 않았다는 표시로 제사를 드릴 때마다 항상 서 있었습니다(히 10:11). 그래서 구약의 성막 혹은 성전에는 의자가 없었습니다. 앉지 않음으로써 제사가 아직 완전하게 성취되지 않았다는 것을 보여주었습니다. 그러나 우리의 완전한 대제사장이신 성자 하나님은 완전한 하나의 영원한 제사를 드리셨기 때문에 앉으셨습니다(히 10:12). 성자 하나님께서 하늘로 올라가신 뒤에 앉으셨다는 것은 우리를 위한 제사가 완전히 이루어졌음을 보여주는 상징적인 행위입니다. 둘째, 우리를 위해 간구하시는 그리스도를 보여줍니다(롬 8:34). 셋째, 우리도 앉게 하실 것에 대한 소망을 줍니다(엡 2:6). 물론 우리는 하나님 보좌의 오른쪽에 앉지는 않습니다. 그러나 분명히 우리는 하늘에서 앉게 될 것입니다.

성자 하나님은 현재 앉아 계신 그 자리, '거기로부터' 살아있는 사람들과 죽은 사람들을 심판하러 오실 것입니다. 옛 번역은 '지리로서'라고 고어(古語)였으나 새 번역은 현대어에 맞게 잘 고쳤습니다. 처음 오셨던 주님은 다시 또 오실 것입니다. 재림이라고 하죠. 성경에는 재림이라는 표현 대신 강림 혹은 나타나심, 드러나심, 오심이라고 했지만, 동정녀 마리아에게서 나셨던 오심인 초림(初臨)과 구분하여 재림(再臨)이라고 합니다. 성자 하나님의 다시 오심은 아직 일어나지 않은 일이지만, 반드시 일어날 일입니다. 그럼에도 불구하고 어떤 사람들은 성자 하나님의 다시 오실 것을 부인합니다(벧후 3:3-5). 오늘날 우리는 재림을 부인하지는 않지만, 마치 주님이 안 오실 것처럼 살아가는 경우가 있는데, 그러한 실천적 무신론을 조심해야 합니다.

재림을 부인하는 것도 문제지만, 오늘날에는 재림의 시기를 마음대로 추정하는 것이 더욱 문제가 되죠. 성자 하나님께서 언제 다시 오실지는 아무도 모릅니다. 오직 하나님만 아시죠(마 24:36, 42; 벧후 3:10). 그런데도 자기 마음대로 재림의 시기를 추정해서 사람들을 흥분시키는 이들이 있습니다. 심지어 자기 스스로를 비밀리에 재림한 예수라고 말하는 자칭 재림예수들이 있죠. 아무도 모르게 재림했다는 거짓은 성경적 가르침에 맞지 않습니다. 또한 재림을 했다면 살아있는 사람들과 죽은 사람들을 심판했어야 합니다. 그러나 '자칭 재림예수'들은 아무도 심판하지 않았습니다. '자칭 재림예수'와 그들을 추종하는 사람들은 사도신경의 '거기로부터 살아있는 사람들과 죽은 사람들을 심판하러 오실 것입니다'를 고백할 수 없습니다. 우리는 그러한 이단들을 조심해야 합니다. 사도신경만 제대로 알아도 그런 이단에 빠질 수 없습니다.

다시 오실 성자 하나님. 그분의 재림 목적은 무엇일까요? 사도신경은 '살아있는 사람들과 죽은 사람들을 심판하기 위해서'라고 고백합니다. 여기에서 말하는 살아있는 사람들과 죽은 사람들은 성자 하나님께서 다시 오실 그 당시에 살아있는 사람들과 죽은 사람들을 말하는 것으로, 곧 모든 사람입니다. 성자 하나님께서 다시 오실 당시에 살아있는 사람만 심판하시는 것이 아니라, 이미 죽은 사람들도 심판하실 것입니다. 성자 하나님께서는 재림하셔서 의인과 악인으로 분리시키실 것이며(마 25:31-33), 이때 믿는 사람은 영원한 천국으로, 믿지 않는 사람은 영원한 지옥으로 가게 됩니다(계 20:15). 오늘도 우리는 그날이 속히 도래하기를 기다리며 고백합니다. "거기로부터 살아있는 사람들과 죽은 사람들을 심판하러 오실 것입니다."

성령 하나님과 그분의 사역

사도신경은 크게 세 부분으로 나뉩니다. 성부, 성자, 성령으로 말입니다. 지금부터 다루게 되는 내용은 성령님에 관한 내용입니다. 우리는 성령님을 믿습니다. 성령님의 존재뿐만 아니라 그분이 하나님이심을 믿습니다. 성령께서는 삼위일체의 한 위격이시면서 성부, 성자와 동일본질이십니다. 성경은 성령을 가리켜 하나님의 영(롬 8:9; 고전 3:16; 6:11; 엡 4:30), 예수의 영(행 16:7), 그리스도의 영(롬 8:9), 아들의 영(갈 4:6), 진리의 영(요 14:17; 15:26), 양자의 영(롬 8:15; 갈 4:6) 등으로 표현하기도 합니다. 이러한 표현 때문에 하나의 독립된 인격체로 보기보다는 성부나 성자께 종속된 분으로 오해할 수 있습니다. 그러나 성령은 성부 하나님의 한 부분이 아닙니다. 성부에게 종속된 분이 아니요, 성부 하나님의 일부가 아닙니다. 성령은 참되고 영원한 하나님이십니다(하이델베르크 요리문답 53문답). 성령은 태초부터 하나님과 함께 계신 삼위의 한 위격(位格)이십니다.

성령 하나님께서 하신 일과 하시는 일은 매우 다양합니다. 성부, 성자와 함께 이 세상을 창조하셨습니다. 성경을 기록하셨습니다. 모든 신자에게 내주(來住)하십니다. 죄인을 거듭나게 하십니다(겔 11:19-20; 36:26; 요 3:5). 그리스도를 증거하십니다(요 15:26; 고전 12:3). 그리스도께서 말한 모든 것을 생각나게 하십니다(요 14:26). 신자들을 위해 기도하십니다(롬 8:26-27). 이외에도 성령 하나님께서 하시는 사역은 무수히 많습니다. 성자 하나님은 33년의 일생을 사시는 동안 3년 동안 공생애를 하시고 3일 동안 십자가 사역을 감당하셨으나, 성령 하나님은 오순절 강림 사건 이후 삼위 하나님의 모든 사역을 감당하십니다. 그러므로 오순절 강림 사건 이후의 모든 하나님의 사역은 성령 하나님의 사역이라 할 수 있으며, 성령 하나님을 떠나서는 역사를 설명할 수 없습니다.

성령의 더 많은 사역을 사도신경은 아홉 번째 문장에서부터 다룹니다. '거룩한 공교회와'로 시작되는 부분부터 마지막까지에서 말입니다. 사람들은 흔히 성령 하나님에 대한 고백이 여덟 번째 문장의 '성령을 믿습니다'에만 해당하는 것으로 생각합니다. 하지만 그 이후에 나오는 '거룩하고 보편적인 교회와 성도가 서로 사귀는 것과 죄를 용서해 주시는 것과 몸이 다시 살아날 것과 영원히 사는 것'도 성령 하나님에 대한 고백입니다. 거룩하고 보편적인 교회는 성령 하나님께서 세우신 기관이고, 성도의 사귐, 죄 용서, 몸의 부활, 영원한 생명은 성령 하나님께서 교회에 베푸시는 은덕에 속합니다.

어떤 분들은 장로교회가 성령론이 약하다고 말합니다. 개혁주의신학의 약점이 성령론이라고 말합니다. 벌코프(Louis Berkhof, 1873-1957)나 바빙크를 비롯한 개혁주의신학자들이 성령론을 따로 다루지 않았다고 아쉬워합니다. 이런 생각은 오해입니다. 개혁주의 교의학은 철저히 사도신경에 근거하여 교회론(아홉 번째 문장), 구원론(열 번째 문장), 종말론(열한 번째와 열두 번째 문장)을 통해 성령론을 다룹니다. 교회론, 구원론, 종말론이 곧 성령론입니다. 성령론이 약하다는 주장은 잘못된 성령론을 가진 오순절주의와 비교하다 보니 생긴 오해입니다. 교회론, 구원론, 종말론이 탄탄한 교회야말로 성령론이 탄탄한 교회입니다. 장로교회는 절대로 성령론이 약하지 않습니다. 은사나 방언, 기적을 행해야 성령론이 강하다는 생각은 오순절주의적일 뿐 장로교 신학이 아닙니다. 장로교 신학에 자부심을 가집시다. 장로교회는 철저히 사도신경에 기초한 신학을 갖고 있습니다.

교회와 성도의 교제

'거룩한 공회'. 이전 번역은 이 표현 때문에 정작 중요한 '교회'를 드러내지 못했습니다. 공교회를 줄여 공회라고 했는데, 공교회라고 하니 그 의미가 좀 더 잘 드러납니다. '거룩하고 보편적인 교회'라고 하면 더 잘 드러날 것 같습니다.

성령 하나님께서 이 세상에 오셔서 가장 먼저 하신 일은 교회를 세우신 일입니다. 이 땅에 오신 성령 하나님께서는 중생과 회심의 역사를 감당하셨고(행 2:37-40), 성령을 받은 자들은 사도의 세례를 받아 한 교회를 이루었고(행 2:38-41) 함께 모여서 사도들의 가르침을 받고 교제하며 성찬을 나누고 기도하기에 힘썼으니(행 2:42-47) 이것이 바로 첫 교회의 모습입니다. 이렇게 성령의 사역으로 말미암아 교회가 이 땅에 세워졌습니다. 이후 사도들의 복음전파를 통해 계속해서 온 세상에 교회를 세워 나가셨습니다. 성령 강림과 동시에 세워진 예루살렘교회를 비롯하여, 안디옥교회(행

13:1-3), 빌립보교회(행 16:11-15), 데살로니가교회(행 17:1-9), 고린도교회(행 18:1-17), 에베소교회(행 19:1-20) 등의 설립은 절저히 성령 하나님의 사역입니다. 교회를 세우신 성령 하나님께서는 계속해서 교회를 불러 모으고 보호하시며 인도하시고 가르치고 다스리십니다. 그래서 사도신경은 '성령을 믿사오니'에 이어서 '거룩한 공교회'를 다룹니다.

교회도 믿음의 주제 중 하나입니다. 성부, 성자, 성령을 믿는 것과 동일한 방식으로 교회를 믿는 것은 아니지만, 분명히 교회를 믿습니다. 신자라면 누구든지 삼위 하나님의 구원사역으로 말미암아 세워진 교회, 성령 하나님께서 친히 세우신 교회를 믿습니다. 그리고 그 교회의 회원이 됩니다. 성자 하나님을 믿으면서 그분의 사역인 십자가와 부활을 믿듯이, 성령 하나님을 믿으면서 그분의 사역인 교회를 믿는 것은 당연합니다. 교회는 삼위일체 하나님의 사역의 결과며, 성령 하나님께서 세우신 공적인 기관입니다. 교회는 성령께서 모으고 확정하시며 보존하는 공동체입니다. 그러므로 신자는 교회를 떠날 수 없습니다. 키프리아누스와 아우구스티누스(Augustinus, 354-430), 칼뱅은 사도신경의 가르침을 따라 '하나님이 아버지가 되는 사람에게는 교회가 어머니가 되어야 한다'라고 했고, 이 표현을 교회 역사에서는 '교회 바깥에는 구원이 없다'(Salus extra ecclesiam non est)라고 합니다. 이런 점에서 오늘날 교회를 떠나 신앙생활을 하는 이른바 '가나안 신자' 현상은 사도신경의 가르침에서 벗어난 신앙 형태입니다.

사도신경은 교회의 속성 두 가지를 함께 고백합니다. 거룩성과 보편성입니다. 교회는 거룩합니다. 비록 연약한 면은 있을지라도 거룩합니다. 교회는 보편적입니다. 교회는 시간적으로 태초부터 세상 끝날까지 계속해서 있을 것입니다. 구약시대에 에덴동산에서부터 교회가 있었고 광야에서도 교회가 있었으며(행 7:38), 아합이 다스리던 때와 같은 때에도 하나님께서 교회를 보존해 주셨고, 바벨론으로 끌려갔던 때에도 구약의 교회는 여전히 있었습니다. 신약시대에도, 중세시대와 같은 암울한 때에도, 일제강점기와 같은 때에도 교회는 있었고, 오늘날에도 교회는 존재하며 앞으로도 영원히 있을 것입니다. 때로는 거의 사라진 것처럼 보일 때도 있지만 하나님의 교회는 세상 끝까지 계속해서 있을 것입니다. 교회는 공간적으로 온 세상에 퍼져 있다는 점에서 보편적입니다. 구약시대에는 예외적이었지만, 예루살렘 성전 파괴 이후 교회는 더 이상 국가적 개념을 넘어서게 되었습니다. 이제 교회는 우주적입니다. 교회는 땅의 이쪽에서부터 저쪽까지 온 세상에 누루 퍼져있디는 점에서 보편적입니다. 로마가톨릭교회도 한편으로 교회의 보편성을 고백합니다. 그래서 자신들의 교회 이름에 '가톨릭'(Catholic)이라는 단어를 붙일 정도입니다. 그러나 로마가톨릭은 자신들만이 보편적이라고 믿습니다. 로마가톨릭교회만이 그리스도의 유일한 교회라고 주장하며, 로마가톨릭교회를 떠나는 것은 이단 혹은 배교라고 주장합니다. 이렇게 외적으로 같은 표현이라도 우리와 얼마나 다른지요.

거룩하고 보편적인 교회는 성도가 서로 교제하는 중심이 됩니다. 교회 중심입니다. 성령 하나님은 교회라는 신적인 기관을 통해 성도가 교제케 하십니다. 성도는 반드시 지역교회와 보편교회를 기반으로 교제합니다. 지역교회를 떠나서 교제할 수 없고, 지역교회에서만 머무를 수 없습니다. 보편교회로 그 범위가 확장되어야 합니다(웨스트민스터 신앙고백서 26장 2절). '거룩하고 보편적인 교회와 성도가 서로 사귀는 것'에 대한 믿음은 서로 연결되어 있습니다. 둘을 따로 구분할 수 없습니다. 성도는 교회라는 신적 기관을 통해 교제해야 합니다.

　성도의 교제란 각 성도들이 그리스도와의 연합을 이루고, 그렇게 그리스도와 연합을 이룬 자들이, 그렇게 하고 있는 다른 자들과 함께 연합하는 것입니다. 함께 한 말씀을 듣고, 한 빵과 포도주로 성찬을 나누는 것, 같은 신앙을 고백하는 것, 이렇게 함으로써 모든 성도들이 그리스도의 모든 은덕에 참여하는 것이 성도의 사귐입니다. 특별히 성경은 '헌금'이 성도의 교제라고 말씀합니다(롬 15:25-26; 고후 8:4; 9:1, 13). 왜냐하면 헌금이 사용되는 여러 용도 중 하나는 구제인데, 다른 성도를 위해 물질적인 도움을 주는 것이 곧 성도의 교제이기 때문입니다(행 2:45; 4:32-37; 고후 8-9장; 웨스트민스터 신앙고백서 26장 2-3절). 이외에도 함께 식사를 나누는 애찬, 성도와 나누는 대화 등도 성도의 사귐입니다.

　성도의 사귐은 신자의 일이면서 동시에 성령 하나님의 사역입니다(고전 12:13; 엡 4:3). 그래서 사도신경의 아홉 번째 문장은 여덟 번째 문장에서부터 이어집니다. 성령 하나님은 우리를 그리스도와 연합케 하심으로써 성령 자신께서 성부, 성자와 연합하신 것처럼 우리도 그렇게 만드시는 분이신데, 나와 그리스도를 연결하실 뿐만 아니라 나와 다른 성도를 연결하십니다.

죄, 용서

성령 하나님께서 행하신 일이라고 하면 흔히 은사나 이적을 떠올립니다. 방언을 하고, 병을 고치는 일이 성령받은 사람에게서 나타나는 중요한 현상이라고 생각합니다. 하지만 가장 중요한 사역은 죄 용서입니다.

모든 사람은 죄인입니다. 첫 사람 아담이 범죄 함으로 타락했습니다. 그 결과 온 인류에 죄가 들어왔으며 죄와 비참의 상태에 이르게 되었고, 선은 조금도 행할 수 없고 온갖 악만 행하는 성향을 갖게 되었습니다. 죄는 크게 두 가지로 나눌 수 있습니다. 원죄(原罪, original sin)와 자범죄(自犯罪, actual sin)입니다. 첫 사람 아담의 범죄로 인하여 온 인류에게 전가된 죄를 원죄라고 합니다. 원죄는 모든 죄의 뿌리로서, 인간 안에 있는 모든 종류의 죄를 생산합니다. 원죄로 말미암아 발생하는 죄를 자범죄라고 합니다. 사람은 부패한 본성에 근거하여 자범죄를 짓습니다.

죄로 인하여 사람은 하나님과의 교제를 상실했고, 몸과 영혼의 모든 기능과 부분이 전적으로 더러워졌으며, 선을 전적으로 싫어하고 선을 행할 수 없으며, 하나님의 진노와 저주 아래 있게 됐으며, 비참함과 죽음에 이르게 됐습니다. 죄는 이 세상에서 형벌을 받게 했으며, 죽어서도 영원한 형벌을 받게 했습니다.

성자 하나님께서 십자가에서 죽으시고 부활하심으로 우리를 위한 속죄를 이루셨습니다. 성자 하나님께서는 이 세상에 오셔서 고난당하셨고, 십자가에 못 박히셨고, 죽으셨습니다. 이를 통해 완전한 순종을 하셨고, 성자 하나님의 공의를 충분히 만족시키셨습니다. 이제 이 속죄는 객관적 사실로써 각 사람에게 적용되어야 합니다. 객관적 사실이 주관적 체험으로 이어져야 합니다.

성령 하나님은 성자 하나님께서 마련하신 순종과 속죄를 적용하십니다. 이를 위해 성령 하나님께서 내주하십니다. 내주하신 성령님은 거듭나게 하십니다. 이로 말미암아 자신이 죄인이라는 사실과 죄의 결과인 비참함을 깨닫게 하십니다. 그 죄를 깨달음으로 인해 우리 속에 있는 강퍅하고 패역한 마음을 제거해 주시고 예수님께서 나의 죄를 구원하실 분이라는 사실을 깨닫는 일이 일어납니다. 이 모든 일들은 율법과 복음이 담겨 있는 설교를 들음으로써 일어납니다. 말씀의 율법적 요소를 통해서는 죄를 깨닫게 되고(롬 3:19), 말씀의 복음적 요소를 통해서는 그리스도를 바라보게 됩니다(갈 3:24). 이를 회심이라고 합니다. 회심에는 두 측면이 있습니다. 믿음과 회개입니다. 사도행전 20장 21절 말씀인 '유대인과 헬라인들에게 하나님께 대한 회개와 우리 주 예수 그리스도께 대한 믿음을 증언한 것이라'고 해서 회개와 믿음이 곧 복음선포의 핵심임을 보여줍니다. 이 두 측면은 각각 의롭다 함과 죄 사함으로 이어집니다. 회심으로 말미암아 믿음을 갖게 되어 칭의를 경험하고, 회심으로 말미암아 회개를 하여 죄 사함을 체험합니다.[*]

효력 있는 부르심(소명)을 통해 거듭나게 하시고(중생) 예수 그리스도를 믿게(영접하게) 하시는 성령 하나님은 의롭다 칭해 주시는(칭의) 사역을 하십니다. 이를 통해 죄를 용서해 주십니다. 사도신경은 이 구절을 통해, 죄 용서에 관한 성령 하나님의 사역을 고백합니다.

---

[*] 칭의와 성화에 대해서는 필자의 책 『나는 하나님 앞에서 의로울 수 있을까?』(서울: 좋은씨앗, 2019)와 『성화, 이미와 아직의 은혜』(서울: 좋은씨앗, 2019)를 보십시오.

몸의 부활과 영원한 생명

죄의 결과 사람은 죽게 되고, 죽는 순간 몸은 썩습니다. 하지만 성령 하나님은 몸의 부활을 기다리게 해 주십니다. 몸의 부활은, 장차 성자 하나님께서 다시 오실 때 죽은 우리의 몸이 다시 살아날 것에 대한 고백입니다.

사람은 죽음과 함께 몸과 영혼이 분리됩니다. 영혼과 분리된 몸은 그 기능이 정지된 채 땅속에 들어가 썩어서 흙으로 돌아갑니다(창 3:19). 영혼은 하늘(heaven)로 갑니다(전 12:7). 영혼은 거기에서 그리스도와 함께 하나님 앞에 있게 됩니다(고후 5:8; 빌 1:23). 죽음과 함께 영혼이 사라진다고 믿는 영혼멸절설은 성경적이지 않습니다. 몸은 썩지만, 성자 하나님께서 다시 오실 때 우리의 몸도 다시 살아날 것입니다. 죽은 몸은 성자 하나님께서 다시 오실 때(고전 15:52; 살전 4:16; 살후 1:7−10) 다시 살아날 것입니다. 우리의 몸은 그리스도처럼, 그리스도와 함께, 그리스도를 통해 다시 살아나게 될 것입니다. 다시 살아난 몸은 영혼과 다시 결합될 것입니다.

다시 살아난 몸은 어떤 몸일까요? 성경은 구체적으로 가르쳐주지는 않습니다. 그러나 적어도 우리가 알아야 할만

한, 소망을 갖도록 할 만한 특성들을 알려줍니다.

부활한 몸은 죽을 때의 몸과 다릅니다. 썩지 아니할 몸(고전 15:42, 53), 영광스러운 몸(고전 15:43; 빌 3:21; 골 3:4), 강한 몸(고전 15:43), 신령한 몸(고전 15:44), 더 이상 장가가고 시집가는 일이 없는 몸이 될 것입니다(눅 20:35).

몸의 부활은 성령 하나님의 사역입니다. '예수를 죽은 자 가운데서 살리신 이의 영이 너희 안에 거하시면 그리스도 예수를 죽은 자 가운데서 살리신 이가 너희 안에 거하시는 그의 영으로 말미암아 너희 죽을 몸도 살리시리라(롬 8:11)'에 따르면 성령 하나님께서 우리의 죽을 몸도 살리실 것입니다. '그뿐 아니라 또한 우리 곧 성령의 처음 익은 열매를 받은 우리까지도 속으로 탄식하여 양자 될 것 곧 우리 몸의 속량을 기다리느니라(롬 8:23)'에 따르면 성령 하나님께서는 우리 몸의 속량, 즉 몸의 부활을 기다리십니다. 이처럼 몸이 다시 살아나는 것은 성부 하나님께서 성령 하나님께 맡기신 일입니다.

성령 하나님은 영원한 생명을 주는 분이십니다. 죄의 결과로 죽은 자들은 그리스도의 순종과 속죄, 그에 대한 성령의 적용을 통해 구원받고 결국 구원의 결과로 영원히 살게 됩니다. 영원히 사는 것은 성령의 사역입니다. 이 사실은 로마서 8장 11절, '예수를 죽은 자 가운데서 살리신 이의 영이 너희 안에 거하시면 그리스도 예수를 죽은 자 가운데서 살리신 이가 너희 안에 거하시는 그의 영으로 말미암아 너희 죽을 몸도 살리시리라'는 말씀에 나타나 있습니다.

지금까지 살펴본 것처럼, '성령을 믿사오며'라는 구절 이후에 나오는 사도신경의 고백들은 모두 다 성령 하나님의 사역입니다. 이토록 우리는 성령의 풍성한 사역을 믿습니다. 성령론이 탄탄한 고백을 가진 교회입니다.

Q. 사도신경을 세 부분으로 나누면 어떻게 되나요?

Q. 사도신경 전체에서 가장 많이 다루고 있는 내용은 무엇인가요?

Q. '본디오 빌라도에게'라는 부분을 외우면서 느낀 어색한 점은 무엇인가요?

Q. 한글 사도신경에서 다루지 않은 '음부에 내려가셨으며'에 대해 이야기 나눠 봅시다.

나가며

사도신경으로 충분한가?

2005년 어간에 대한예수교장로회 고신 교단 안에서는 '사도신경으로 충분한가?'라는 주제가 심각하게 논의되었습니다. 특별히 교회 연합과 관련된 문제였습니다. 이 문제는 고려신학대학원을 혼란케 하기도 했습니다.* 하지만, 아무도 이 문제에 답을 주지 않았습니다. 정치적으로만 논쟁되었습니다.

지금까지의 글을 잘 읽어 보신 분들은 그 답을 충분히 찾으실 것입니다. 정답은 '사도신경으로 충분합니다. 그러면서도 사도신경으로 충분하지 않습니다'입니다. 이 말은 모

---

* 고려신학대학원 교수 논문집인 『개혁신학과 교회』, 제18호 (천안: 고려신학대학원, 2005), 145-215를 참조하라.

순 같지만 사실입니다. 어떤 의미에서 충분하느냐에 따라 완전히 달라집니다. '구원에 이르는 데 충분한가? 삼위 하나님을 아는 지식으로서 충분한가? 교회 연합의 기초가 되는 데 충분한가?'처럼 질문을 어떻게 하느냐에 따라 달라집니다.

어떤 의미에서 사도신경으로 충분합니다. 우리가 구원에 이르기에 충분합니다. 이 고백만 확실하게 믿으면 구원받습니다. 이때 그 내용에 대한 이해가 필요합니다. 내용을 이해하지 못해도 사도신경이 가르치는 것을 믿으려는 태도만으로는 안 됩니다. 즉 로마가톨릭이 가르치는 맹목적(盲目的) 믿음으로는 안 됩니다. 성경은 참된 믿음은 확실한 지식을 동반한다는 것을 분명히 가르칩니다.

어떤 의미에서 사도신경으로 충분하지 않습니다. 성경은 사도신경보다 큽니다. 그렇기에 사도신경으로 충분하지 않습니다. 사도신경은 우리가 믿는 바의 일부분에 지나지 않습니다. 성경의 가르침 중 사도신경이 다루지 않는 부분이 훨씬 많습니다. 사도신경은 성경의 권위, 율법, 죄의 본질, 구원 역사, 거듭남, 칭의, 믿음과 회개, 성화, 예배, 성례, 직분, 천년왕국, 신자의 삶과 윤리, 기도 등은 다루지 않습니다. 그렇기에 사도신경은 우리가 믿어야 할 바의 '최소한'일 뿐입니다. 사도신경으로 출발해서 그 외의 다른 부분도 역사가 전해 준 다른 신조들(니케아신경, 아타나시우스 경, 벨기에 신앙고백서, 하이델베르크 요리문답서, 도르트 신조, 웨스트민스터 신앙고백서, 웨스트민스터 대소요리문답서 등)의 가르침을 통해 계속해서 배워야 합니다.

어떤 의미에서 사도신경으로 충분하지 않습니다. 사도신경을 고백한다고 하면서도 우리와는 다르게 믿는 로마가톨릭, 루터교회와 연합할 수 없습니다. 사도신경에서 언급하지 않은 성경관이 다른 신정통주의 교회와 연합할 수 없습니다. 사도신경에서 언급하지 않은 구원관이 다른 아르미니우스주의 교회와 연합할 수 없습니다. 사도신경에서 언급하지 않은 직분관이 다른 감독교회와 연합할 수 없습니다. 그들과 어떤 면에서는 연합할 수 있습니다. 그러나 어떤 면에서는 연합할 수 없습니다.

사도신경으로 충분한가, 아닌가? 이 문제를 획일적으로 이해하는 것은 지나친 환원주의입니다. 사도신경으로 충분하냐 아니냐를 단순하게 말할 수 없습니다. 어떤 때는 충분하지만 어떤 때는 충분하지 않습니다. 사도신경을 믿느냐 아니냐를 단순하게 말할 수 없습니다. 사도신경을 입술로 고백해도 그 의미를 전혀 모른다면 사도신경을 고백하지 않는 것입니다. 사도신경의 모든 문장을 똑같이 고백해도, 그 의미를 다르게 받아들인다면 사도신경을 고백하지 않는 것입니다. 사도신경의 전체 내용을 그 의미대로 다 믿지 않는다면 아무리 이 고백을 암송해도 참된 그리스도인이라 할 수 없습니다. 사도신경을 암송하는 사람들이 그리스도인이 아니라 이 모든 내용을 믿는 사람들이 그리스J도인입니다.

사도신경은 짧습니다. 그러나 풍성합니다. 그렇기에 아우구스티누스는 이렇게 말했습니다.

"사도신경은 간결하고 장엄한 신앙의 규범이다. 단어의 수는 간결하나, 문장의 무게는 장엄하다."

참고문헌

손재익. 『사도신경, 12문장에 담긴 기독교 신앙』. 서울: 디다스코,
    2017.
김영재. 『기독교 신앙고백: 사도신경에서 로잔협약까지』. 수원: 영음
    사, 2011.
유해무. 『개혁교의학』. 서울: 크리스챤다이제스트, 1997.
이승구. 『사도신경』. 서울: SFC, 2004.
고재수. 『교의학의 이론과 실제』. 천안: 고려신학대학원, 2001.